T0290127

OSHO

Meditación para gente ocupada

Consejos para acabar con el estrés

Introducción de John Andrews

Traducción del inglés al castellano de Esperanza Moriones

editorial Kairós

Título original: Meditation For Busy People, by OSHO

© 2013, 2014 OSHO International Foundation, Switzerland.
www.osho.com/copyright
All rights reserved.
OSHO® es una marca registrada de Osho International Foundation
www.osho.com/trademark

Publicado originalmente en español como libro ilustrado por Gaia Ediciones
ISBN: 84-8445-115-1 (2004)

> El contenido de este libro está formado por diferentes charlas que
> OSHO impartió ante una audiencia en vivo. Todas las charlas de Osho
> han sido publicadas íntegramente como libros, y también están dis-
> ponibles las grabaciones de audio. El archivo completo de audio y
> de texto puede ser consultado en la Biblioteca en línea en la página
> www.osho.com.

© de la edición en castellano:
   2014 by Editorial Kairós, S.A. Numancia 117-121, 08029 Barcelona, España
   www.editorialkairos.com

© **foto del autor**: OSHO International Foundation. Switzerland

© **de la traducción del inglés al castellano:** Esperanza Moriones
Revisión: Alicia Conde
Fotocomposición: Moelmo, SCP
Diseño cubierta: Katrien van Steen
Impresión y encuadernación: Índice. Fluvià, 81-87. 08019 Barcelona

Primera edición: Diciembre 2014
Cuarta edición: Octubre 2018
ISBN: 978-84-9988-418-9
Depósito legal: B-21.738-2014

Sumario

Introducción

Este pequeño libro es maravilloso. Contiene técnicas sencillas que te permiten relajarte y experimentar lo que conocemos como «meditación». Entre otras cosas, despeja todas esas complicadas dudas de cómo funciona la meditación, nos ayuda a entender qué ocurre cuando la practicamos y para qué nos sirve en nuestra agitada vida.

Dada la cobertura cada vez mayor de los medios de comunicación sobre el fenómeno de la meditación, me han pedido que situara este libro práctico en el contexto de los últimos avances de la medicina y las ciencias neurológicas, y que determinara su aplicación en todos los aspectos de la vida diaria. Hemos llegado al punto en el que la pregunta ya no es «¿por qué meditar?», sino «¿por qué no meditar?».

Si ya conoces la importancia de añadir ciertos momentos de conciencia a tu vida diaria, te recomiendo este libro.

Sin embargo, si todavía crees que todo lo que se dice acerca de la meditación es simplemente una moda, un nuevo producto, como si fuese una nueva dieta de adelgazamiento –en este caso para el cerebro–, ahora tienes a tu disposición mucha más información que te ayudará a decidirte. Hace diez años se publicaban en torno a cincuenta estudios científicos al año acerca de la meditación. Ahora se publican alrededor de quinientos.

El tema de la meditación es un poco más complejo que la mayoría de los temas a los que se aplica la inteligencia científica.

Podemos decir a qué velocidad se mueve un objeto aproximadamente de nuestro tamaño, y en qué momento llegará a un determinado punto en el espacio. Si hay sonidos en nuestro espectro de audición, los oiremos. Si hay luz en nuestro espectro de visión, la veremos. También sabemos que hay sensaciones que no están a nuestro alcance. No estamos hechos para percibir ciertas cosas. ¿Quién habría adivinado que el Sol no gira alrededor de la Tierra, o que nos movemos por el espacio a toda velocidad, en lugar de estar quietos en un punto, o que la Tierra sobre la que estamos no es plana? Para descubrir nuestra ignorancia, hizo falta un observador sin prejuicios y un dato objetivo.

Pero te podrías preguntar, ¿qué tiene todo esto que ver con la meditación?

¡Imagínate que el objeto de tu observación eres tú! Pero un momento, ¿por qué querrías observarte a ti mismo? Cuando tu madre te regañaba diciendo «mírate», se estaba refiriendo al barro de tus zapatos manchados de jugar en el jardín. No se refería a tu estado mental.

Quizá descubras, como han confirmado investigaciones recientes, que no estás presente ni la mitad del tiempo que estás despierto, sino que prefieres vivir en un mundo ilusorio de sueños y fantasías, antes que personarte en tu vida real. Por muy bonitos que sean tus sueños, es probable, como confirma ahora la ciencia, que descubras que te sientes mucho mejor cuando estás presente que cuando no lo estás.

Imagínate que vas al médico y te dice que, por una causa determinada, tu esperanza de vida se va a reducir a la mitad. Sin duda, a este hecho le prestarás atención. Si a continuación descubres que eres menos feliz si no estás presente, esto te resultará mucho más atractivo, especialmente porque no quieres ser infeliz.

O quizá podría resultarte obvio que siempre tendrás más probabilidades de que todo salga bien, sin importar lo que hagas, estando presente. A lo mejor simplemente te gusta estar relajado, y darte cuenta de que el presente es más relajante que permitir que los pensamientos o las emociones te arrastren constantemente a los dramas del pasado y del futuro.

La ciencia de la autoobservación es muy engañosa. Cuando el sujeto de nuestra investigación científica es el observado mismo, ¿cómo puedes saber quién observa a quién? ¿Quién es el observador? ¿Quién soy yo?

No quiero estropearlo, mejor que leas el libro. Es un viaje fascinante. Basta decir que si nuestro asombroso sistema nervioso es incapaz por sí solo de percibir que estamos viajando por el espacio a cientos de miles de kilómetros por hora, y creemos que estamos quietos, desconfía de esa actitud arrogante y altanera del «ya lo sé» que inevitablemente nos atrapa.

La verdadera cuestión es la mente humana, que nos enfrenta a todos al mismo dilema. Nos han convencido de que *somos* la mente, y de que esta es nuestro atributo más inteligente, y naturalmente creemos que tiene sentido usar la mente para conocer la mente. La mayoría de los científicos tienen este enfoque y no se dan cuenta de que es muy poco científico. La razón por la que siempre realizan ensayos clínicos aleatorios sirviéndose de placebos para saber si un nuevo medicamento es realmente eficaz es que no somos objetivos.

Cuando se trata de la mente, los científicos ya «saben» la respuesta, del mismo modo que sus predecesores geocentristas también «sabían» que el Sol giraba en torno a la Tierra. Están convencidos de que se puede estudiar la mente con la mente. Sin embargo, si hasta el mejor científico es arbitrario respecto a un nuevo medicamento, puedes imaginarte las distorsiones que puede haber cuando intentamos usar nuestra mente condicionada para analizar la mente condicionada.

Finalmente, esta «creencia» a la que se aferran los científicos enfocados en la mente está cayendo frente a su mayor enemigo: la duda. La duda de que la mente pueda ver objetivamente a la mente. Son dudas impulsadas por la propia ciencia.

A lo largo de dos milenios, en Oriente ha habido tantas personas interesadas en lo que nos hace estar vivos como cualquier científico de la actualidad. No tenían instrumental para calcularlo, de modo que se basaban en la observación de su propio cuerpo y mente. A partir de ahí surgió lo que podríamos denominar la «ciencia de lo interno». Del mismo modo que la ciencia de lo externo se basa en la observación y la experimentación, la ciencia de lo interno se basa en la observación y la experiencia.

Esta es la contribución de Osho a la humanidad: es una síntesis de Oriente y Occidente, pues convierte en una sola ciencia la comprensión compartida de estos dos enfoques. El enfoque de Osho es un sistema abierto que se basa únicamente en la observación. Lo observado no es la cuestión fundamental. Lo que es, es, y la clave está en observarlo. Lo que el observador observe se puede añadir en cualquier momento. No se excluye nada.

Lo maravilloso de esta ciencia es que todo el mundo es un científico dentro de su propio laboratorio: ellos mismos. No necesitas tener creencias ni hacer actos de fe. Solo tienes que tener un enfoque científico para elegir una hipótesis y comprobarla en ti mismo. Si fracasas, no pasa nada, tu papelera seguramente ya estará medio llena. Y si triunfas, habrás encontrado la llave maestra. No pierdes nada.

Y es justamente lo que está ocurriendo. Además de los descubrimientos recientes que mencionábamos antes sobre los beneficios del estar presente, hay otros estudios interesantes que te ayudarán a apreciar el valor de la meditación.

Por ejemplo, se sabe que alrededor de dos tercios de las consultas médicas se deben a cuestiones relacionadas con el estrés. Los científicos han hecho experimentos con ratones, sometiéndolos a estrés, y han comprobado que desarrollan una parte del cerebro. También han descubierto que los humanos estresados desarrollan esa misma parte del cerebro, mientras que, en los

meditadores, dicha zona cerebral tiene un tamaño más pequeño. Del mismo modo, han comprobado que los cambios aso-
ciados a la edad son menos pronunciados en los meditadores…
¡Definitivamente, la meditación es más barata que la crema
antiarrugas!

Hay otro ejemplo fascinante del Instituto Tecnológico de
Massachusetts, que realizó el experimento siguiente. Invitó a
varios voluntarios a asistir a un curso de meditación de una
hora diaria durante ocho semanas. Los voluntarios fueron di-
vididos al azar en dos grupos. Un grupo asistió al curso mientras el otro estaba en «lista de espera». Al terminar, los invita-
ron, uno a uno, a lo que creían ser una entrevista sin relación
con el curso.

Al entrar en la habitación había tres sillas, dos de ellas ocupadas por los investigadores (desconocidos para los voluntarios). Entonces, entró en la habitación un tercer investigador con
aspecto de encontrarse mal y necesitar ayuda. Los dos investigadores que estaban sentados no le prestaron atención (normalmente, todo el mundo sigue al rebaño, y si los demás no se mueven, tú tampoco). El resultado fue abrumador. Mientras
solo el 21% de la gente que no había meditado se levantó a
ayudar, un desbordante 50% de los que habían meditado se
levantó. Al parecer, todas esas habladurías de que la
meditación es «egoísta» porque estás mirándote el ombligo
en vez de «amar al prójimo» sencillamente no son verdad.

Hablando del tema del «yo», la ciencia moderna también
está confirmando otro conocimiento antiguo: que el yo es un

cuento que nos contamos para tener algo de qué hablar en las fiestas. En realidad, somos un proceso, un río, no somos agua estancada, lo que resulta emocionante y además encaja perfectamente con la confirmación reciente de que el cerebro es un órgano moldeable, lleno de células que buscan una tarea sin tener una función predeterminada.

Esto significa de nuevo que no somos agua estancada y realmente tampoco un «río», sino un proceso de «fluir» que depende de lo que ocurre ahora mismo. Las implicaciones de esto son sorprendentes. Quiere decir que, a medida que transcurre la vida, en cada momento estamos creándonos a nosotros mismos. Está en nuestras manos. Es una responsabilidad aterradora, especialmente para esos aspectos nuestros que nos gusta achacar a mamá, a papá, a dios, o a cualquiera.

En cuanto a la antigua pregunta de «¿quién soy yo?», puedes ver que apenas hay nada fijo. Básicamente está en nuestras manos.

Hay otros experimentos que demuestran que si pones una cara triste durante tres días conseguirás estar deprimido. En esencia, somos nosotros mismos quienes creamos los fenómenos.

Todos sabemos que hemos nacido en una cierta cultura, en una cierta religión, cantando un cierto himno nacional, con esa actitud de superioridad masculina, y así sucesivamente. Estas «creencias» nos han sido inculcadas a través de nuestra educación y están enterradas en el inconsciente sin que nos demos cuenta. Nos han condicionado a aceptar que somos estos valores sin que lo sepamos.

Resulta que el cerebro es un bioordenador increíble que ha sido programado por muchos factores parecidos, y el resultado es la «mente». La ciencia neurológica moderna afirma que «lo que se activa simultáneamente, queda entrelazado». Cada vez que repites «lo negro es malo, lo blanco es bueno», o «los hombres son superiores a las mujeres», aunque sea inconscientemente, ese hábito aprendido se fortalece y cada vez te sientes más seguro de tener razón.

Aquí viene la parte más interesante. Hay una situación patológica que se denomina trastorno obsesivo-compulsivo (TOC). Es como si quisieras lavarte las manos cincuenta veces al día para eliminar los gérmenes que imaginas que hay. En un sentido, sabes que es una tontería, sin embargo, te vuelves a lavar las manos de todas formas. El conjunto de células de tu cerebro que cree que tus manos tienen gérmenes y el conjunto de células que te hacen ir corriendo al baño cada vez están más entrelazados. En realidad, esto es solo una versión exagerada de lo que hacemos continuamente a lo largo del día. Cuando suene el himno nacional, unos cuantos se pondrán de pie. Si suenan las campanas de la iglesia en domingo, podemos sentirnos impulsados a ir a la iglesia. Puede ser la necesidad de ir a la sinagoga todos los sábados, o jugar a la lotería, o fumar otro cigarrillo, o comer algo de la nevera, o tumbarte en la cama dándole vueltas a un pensamiento recurrente que te preocupa en vez de dormir… Esto es algo que no se detiene casi nunca, ni de día, ni de noche.

Lo más asombroso, es que ahora están descubriendo que el «tratamiento» de esa «enfermedad» es la meditación. Funciona de este modo. Un grupo de neuronas dice: «Es hora de fumar un cigarrillo». Y otro grupo te hace buscar un cigarrillo y un encendedor en el bolsillo. Antes de darte cuenta de lo que ha ocurrido ya estás fumando. Ahora decides dejar de fumar: en cuanto las células nerviosas del primer grupo empiezan a disparar el impulso excitante, instruyes inmediatamente a las células nerviosas inhibidoras de ese mismo grupo para que contrarresten la excitación, de manera que no tengas que fumar un cigarrillo, comer un trozo de chocolate o llamar a tu madre.

Lo que se activa simultáneamente queda entrelazado, tanto si son impulsos excitantes como si son inhibidores. De cualquier forma, estás acercando esos dos grupos de células. Por eso intentar «luchar» contra los hábitos no suele funcionar.

Una vez, hace veinticinco siglos, un cierto caballero llamado Gautama Buda declaró que lo que hacía falta era ser «consciente sin elección». Apoyar un hábito o luchar contra él solo refuerza el vínculo neuronal, y la única elección es no hacer ninguna de las dos cosas. No hacer nada, ni a favor ni en contra: esto es la esencia de la meditación. Y mira por dónde, lo acabamos de oír, que este es el motivo por el que funciona la meditación con el trastorno obsesivo-compulsivo. O con cualquier otra acción compulsiva inconsciente, como, por ejemplo, la costumbre de vivir como si fuésemos agua quieta, estancada.

Es un proceso verdaderamente científico. Si consigues ver conscientemente uno de estos hábitos, desaparecerá solo, del todo, al cien por cien. Si desaparece el 50%, eso significa que solo has visto el 50%.

No me sorprende que toda la prensa en Estados Unidos esté ahora interesada en la meditación. Lo llaman *mindfulness*, que es una abreviación de *right mindfulness*,* que es otra de las formas en las que Buda describía el estar consciente sin elección. Ahora, cada año, esos quinientos estudios científicos están corroborando las diferentes formas en las que la meditación es un proceso beneficioso universal.

Muchas de las mayores empresas de Estados Unidos, especialmente en Silicon Valley, están experimentando con la meditación debido a que el hecho de que sus empleados estén sanos, sean felices y creativos y estén presentes ofrece a las compañías evidentes ventajas. Se utiliza en los colegios, se ofrece a los veteranos con traumas de guerra, a médicos agotados…, todo lo que se te ocurra ya está en la lista. El respaldo de personajes célebres, que siempre es importante en el mundo actual regido por las celebridades, abarca desde Nelson Mandela y Steve Jobs hasta Madonna, Sting, Tiger Woods, y casi todo lo que hay en el camino.

Indudablemente, vale la pena probar la meditación. Así, al menos, sabrás con seguridad si está justificado tanto interés o si a ti te funciona.

---

* Con conciencia plena. *(N. del T.)*

El punto clave es que hay que entender que meditar se refiere a observar, observar lo que está sucediendo dentro y fuera, sin importar lo que suceda. En casa, en el trabajo, por la mañana, por la noche… Siempre hay algo que el observador puede observar.

En segundo lugar, mientras que la mente suele estar fantaseando, el cuerpo siempre está presente, aquí y ahora. De forma que si quieres jugar al juego de encender tu propia vida, el cuerpo es el soporte perfecto.

En tercer lugar, cuando se inventaron todas esas meditaciones en las que hay que estar sentado, la gente era muy distinta. Recuerda que el cerebro es maleable, imagínate lo diferente que sería si trabajases en el campo doce horas, te acostases al anochecer porque no hay luz artificial, y vieses pasar por el pueblo a una persona al año.

La mente hiperactiva de hoy en día no te permite estar sentado. Por eso la clave es la meditación en acción; para empezar es mucho más fácil observar cuando estás activo. De ahí el valor, para las personas ocupadas, de las Meditaciones Activas Osho y las demás meditaciones de este libro. Paradójicamente, si tratas de sentarte y estarte quieto, solo notarás la locura de tu mente dando vueltas. Mientras que si continúas girando a través de tus actividades diarias, y observas, descubrirás que hay un centro silencioso dentro de ti. También es posible que te des cuenta de que tienes que librarte de una parte de esa locura mental antes de poder relajarte y estar en silencio.

Sea cual sea la situación, este es un maravilloso libro con una amplia variedad de formas para descubrirte. O, al menos, para saber lo que no eres.

Acércate a la meditación con sinceridad, y no con seriedad. Juega. Busca métodos que te hagan disfrutar y divertirte, de ese modo tu viaje te llevará a donde tengas que ir.

John Andrews es un autor, científico y meditador, fue médico de cabecera de Osho, y se ocupó de su estado físico durante muchos años, incluidos sus últimos días. Como meditador y médico durante muchas décadas, John Andrews ha sido testigo gozoso de la gradual aceptación de la meditación por parte de la comunidad científica, y del giro hacia la corriente actual de interés. En la actualidad escribe sobre la última etapa de este viaje, de la meditación a las Meditaciones Osho.

Parte I:
Comprender el origen del estrés

La tensión no tiene nada que ver con algo que está en el exterior, sino con lo que sucede en tu interior. Siempre buscas una excusa externa que justifique tu tensión porque te resulta sencillamente ridículo estar tenso sin motivo alguno. Pero la tensión no está fuera, es el resultado de una forma de vida incorrecta.

Iluminar el interior

La sabiduría no es una acumulación de datos, fechas o información, sino una transformación.

Estamos viviendo fuera de nosotros mismos y nuestro interior permanece oscuro por ese motivo. Si vamos hacia dentro, si empezamos a enfocarnos hacia dentro, veremos que hay luz. Tenemos todo lo necesario para que haya luz; solo tenemos que reorganizar las cosas.

Es como si alguien hubiese desordenado nuestro cuarto, dejado todos los muebles patas arriba y la lámpara de techo en el suelo. Está todo ahí, pero está descolocado. Es difícil vivir en un lugar que está en ese estado. Tendrás que volver a colocar todo en su sitio.

Así es el ser humano: tenemos todo lo necesario, la existencia nos provee de todo. Nacemos con la capacidad de vivir nuestra vida al máximo, sin embargo, la vivimos al mínimo por el simple hecho de no organizar las cosas. Por ejemplo, nuestra atención se dirige hacia fuera, y somos capaces de ver a todo el mundo excepto a nosotros mismos, a pesar de que somos lo más importante que tenemos que ver. Está bien ver a los demás, pero antes tienes que verte a ti mismo, antes tienes que *ser* tú. Desde esa perspectiva aventajada, estando centrado, puedes ver a los demás desde una óptica completamente distinta.

De manera que hay que dirigir la mirada hacia dentro. Y descubrirse a uno mismo es precisamente esto: darle un giro de 180 grados a nuestra atención, a nuestra conciencia. Cada vez que enfocamos nuestra atención en algo, lo alumbramos. No estoy en contra del mundo exterior, pero antes hay que ocuparse del mundo interno, y luego vendrá el mundo externo. La persona que sabe ocuparse de su mundo interno, podrá ocuparse del mundo externo.

La sabiduría significa conocerse, y conocerse es el principio de todo conocimiento. Después tu halo de luz se expandirá y abarcará cada vez más cosas. Llegará un momento en el que tu sabiduría lo comprenderá todo, lo incluirá todo. Cuando sientas que no falta nada, que no careces de nada, habrás llegado a casa. Te sentirás relajado, tranquilo, contento, profundamente satisfecho; habrá un silencio, pero estará lleno de música.

La patología de la ambición

Todas las culturas y religiones te condicionan para que tengas un sentimiento negativo respecto a ti mismo. No aprecian ni aman a nadie por ser él o ella misma. Tienes que demostrar tu valor obteniendo medallas de oro en el campo del deporte, logrando el éxito, el dinero, el poder, el prestigio y una buena reputación. ¡Demuestra lo que eres! Intrínsecamente, no tienes valor; esto es lo que te han enseñado. Tienes que demostrar tu mérito.

Y de aquí surge un gran enfrentamiento con uno mismo, sientes profundamente que «tal y como soy no tengo mérito..., a menos que demuestre lo contrario». Hay muy poca gente que logra triunfar en este mundo tan competitivo. Con millones de personas compitiendo, ¿cuántas pueden triunfar? ¿Cuántas se convertirán en presidentes y primeros ministros? En un país con varios millones de habitantes solo uno podrá ser presidente, aunque, en el fondo, todo el mundo desearía tener ese trabajo. Habrá millones de personas que no se sientan dignas de ello. ¿Cuántas personas pueden convertirse en grandes pintores? Sin embargo, todo el mundo es creativo. ¿Cuántos pueden ser grandes poetas como Shakespeare, Milton o Shelley? En cambio, en el fuero interno de cada persona hay poesía; cada uno puede aportar un poco de poesía al mundo. Pero, si se convierte en una ambición, la ambición en sí es antipoética.

La idea del éxito te atormenta. La mayor calamidad que le haya podido ocurrir al ser humano es la idea del éxito, de tener que «triunfar». Y el éxito implica competencia, lucha, tanto si se juega limpio como si no, eso no importa. Si triunfas todo estará bien. La clave es el éxito; aunque lo hagas por las malas, cuando alcanzas el éxito todo lo que hayas hecho es admisible.

El éxito transforma la naturaleza de tus actos. El éxito convierte las malas artes en buenas. La única cuestión es: ¿cómo triunfar, cómo llegar hasta la cumbre? Y, evidentemente, habrá muy pocos que lleguen a la cumbre. Muchas personas quieren subir, pero ¿cuántas personas caben en la cumbre del Everest? Allí no hay mucho espacio, solo hay espacio para una persona. Todos los millones que lo han intentado sentirán que han fracasado, y su alma se llenará de una profunda desesperación. Empezarán a tener un sentimiento de negatividad.

Esta educación –la supuesta «educación» que habéis recibido– es un error y es enormemente perjudicial. El colegio, el instituto y la universidad te envenenan. Te hacen sufrir; aquí es donde se crean los infiernos, pero lo hacen de una forma tan bonita que no te percatas de lo que está ocurriendo. El mundo se ha convertido en un infierno por culpa de una educación equivocada. Siempre que la educación esté basada en el concepto de la ambición, en la Tierra el resultado será el infierno, y lo han conseguido.

Todo el mundo sufre y se siente inferior. Es muy curioso, porque no hay nadie que sea superior o inferior, cada individuo es único y no se puede comparar. Tú eres tú, eres *simplemente tú* y no puedes ser nadie más, ni es necesario. No tienes que ser famoso, ni tienes que triunfar a los ojos del mundo. Esas ideas son ridículas.

Lo único que tienes que hacer es ser creativo, cariñoso, consciente, meditativo...; si sientes que te nace escribir poesía, escribe para ti, para tu marido, para tus hijos, para tus amigos...,

¡y olvida todo el resto! Canta tu canción, y si nadie te escucha, ¡siéntate y disfrútala tú! Acércate a los árboles, ellos te aplaudirán y te lo agradecerán. O habla con las aves y el resto de los animales, porque te entenderán mucho mejor que los seres humanos a los que se les ha inculcado un siglo tras otro un concepto erróneo de la vida.

Ser una persona ambiciosa es patológico.

Te enfrentas a ti mismo porque es lo que te han enseñado a hacer. Es lo que has visto hacer a tus padres, y tú lo has heredado. Lo hacen también tus profesores y tus líderes religiosos. Lo hacen tus líderes políticos; lo hace tanta gente, que has aceptado inevitablemente el hecho de que no vales nada, no tienes un sentido ni un valor intrínsecos; tú no tienes ninguna importancia.

Todos los padres les dicen a sus hijos: «¡Demuestra que vales!». No es suficiente con existir, simplemente con ser..., hay que *hacer* algo.

Mi enfoque es que *ser* tiene un valor intrínseco. Simplemente el hecho de *ser* es un regalo de la existencia, no podrías pedir más. El hecho de respirar en esta bella existencia es la prueba de que la existencia te ama, te necesita; de lo contrario, no estarías aquí. *¡Estás!* La existencia te ha dado vida. Debía tener una necesidad importante y tú has llenado ese vacío. Sin ti, la creación no sería lo mismo. Y cuando digo esto, no lo digo solo por ti, lo digo también por los árboles, todos los animales y los guijarros de la orilla. Si faltase una sola piedra, la orilla del mar ya no sería la misma. El universo echaría en falta incluso una flor.

Tienes que aprender que tienes valor tal como eres. No te enseño a ser egoísta, sino lo contrario. Si te sientes valioso como eres, sentirás que los demás también lo son.

Acepta a las personas como son; deja a un lado todos los «debería» y «habría que» porque son los enemigos. La gente va cargando con muchos «debería»: «¡haz esto, no hagas lo otro!». Estás cargando con una lista tan larga de cosas que deberías y no deberías hacer, que al final te impiden bailar porque la carga es demasiado pesada.

Te han impuesto muchos ideales y metas –ideales de perfección–, y siempre sientes que no estás a la altura. Son ideales imposibles de alcanzar. No podrás conseguirlo, ni te satisfarán de ningún modo. Siempre te quedarás corto.

Ser un perfeccionista es estar listo para el diván del psiquiatra; ser un perfeccionista es ser un neurótico. Y a todos nos han dicho que debemos ser perfectos.

La vida es bella con todas sus imperfecciones. Nada es perfecto. Y puedo afirmar que ni siquiera Dios es perfecto, porque, si lo fuera, habría que darle la razón a Nietzsche cuando dice que Dios ha muerto. ¡La perfección significa muerte! La perfección significa que no hay posibilidades de crecer. Significa que todo ha terminado. La imperfección significa que hay posibilidades de crecer. La imperfección significa la emoción de territorios nuevos, el éxtasis, la aventura. La imperfección quiere decir que estás vivo, que la vida continúa.

La vida es eterna, por eso digo que es eternamente imperfecta. La imperfección no tiene nada de malo. Acepta tu imperfección y desaparecerá la negatividad hacia ti mismo. Acepta tu estado presente y no lo compares con un futuro perfecto, un ideal futuro. ¡No pienses en términos de lo que deberías ser! Ese es el origen de todas las patologías; deja de hacerlo. Eres lo que eres hoy, y es posible que mañana seas distinto. Pero no podrás predecirlo hoy y tampoco tienes ninguna necesidad de planearlo.

Vive este día con toda su belleza, su alegría, su dolor, su angustia, su éxtasis. Vívelo con totalidad, con su oscuridad y su luz. Vive el odio y vive el amor. Vive la rabia y vive la compasión. Vive lo que haya en este momento.

Mi enfoque no es el de la perfección, sino el de la totalidad. Vive el momento que se presenta ahora mismo, y el siguiente surgirá a partir de este momento. Si has vivido el presente con totalidad, el próximo momento tendrá un grado mayor de totalidad, un cima más elevada de totalidad, porque ¿de dónde surge el momento siguiente? Solo surge de este momento. Olvídate del futuro, el presente es suficiente.

Jesús dice: «No pienses en el mañana, ¡mira los lirios del campo! Observa su belleza. Ni Salomón en todo su fasto iba vestido como uno de ellos». ¿Cuál es el secreto de los hermosos lirios? Es muy sencillo: no piensan en el mañana, no piensan en el futuro. El mañana no existe. Es suficiente con el día de hoy, es suficiente con este momento. Vive así, y entonces desaparecerá tu negatividad hacia ti mismo.

Recuerda que si te sientes negativo respecto a ti, sentirás lo mismo de los demás. Es una consecuencia inevitable. Esto tiene que estar muy claro. Una persona negativa consigo misma no puede ser positiva con los demás, porque encontrará en los demás los mismos fallos que encuentra dentro de sí, de hecho los magnificará. Y se vengará. Tus padres te han inculcado esa negatividad y tú te vengarás en tus hijos; harás que ellos sean todavía más negativos.

De ese modo, la negatividad va aumentando con cada generación. Las generaciones son cada vez más patológicas.

El hecho de que hoy en día la gente sufra tanto psicológicamente no tiene que ver con las personas en sí, sino que demuestra que el pasado ha sido un error. Es una acumulación del pasado. A menos que renunciemos a este pasado patológico y empecemos de nuevo, viviendo en el presente, sin ideas de perfección, ni ideales, ni reglas sobre lo que se debe o no se debe hacer, sin mandamientos, la humanidad estará condenada.

Todo el mundo siente la negatividad. Unos lo reconocen y otros no. Y cuando sientes negatividad hacia ti mismo, sientes que todo lo demás es negativo. Tu actitud se vuelve negativa, es una actitud de «no». Si llevas a una persona negativa a un rosal, en vez de mirar las rosas, porque no puede, contará las espinas. Es incapaz de ver la belleza. Ignora la flor y se fija en las espinas.

Si sientes negatividad, toda tu vida se convierte en una noche oscura. Ya no hay amaneceres y mañanas. El sol siempre se pone, pero nunca amanece. Tus noches oscuras ni siquiera tienen estrellas. ¿Cómo puedes hablar de estrellas si ni siquiera tienes una vela?

Una persona negativa vive en la oscuridad, vive una especie de muerte. Muere lentamente. Para ella la vida consiste en eso. Se envenena de diferentes formas, es autodestructiva. Naturalmente, destruye también a todo el que entra en contacto con ella. Una madre negativa destruye a su hijo. Un marido negativo destruye a su mujer; una mujer negativa destruye a su marido. Unos padres negativos destruyen a sus hijos; un profesor negativo destruye a sus alumnos.

Necesitamos una nueva humanidad que esté a favor de la vida, que ame la vida, que ame el amor, que ame la existencia tal como es, que no exija la perfección para amarla, que la celebre con todas sus limitaciones. Y te asombrarás, cuando ames tu vida, todas las puertas empezarán a abrirse. Cuando ames, todos los misterios se revelarán, todos los secretos se desvelarán. Si amas tu cuerpo, antes o después descubrirás del alma que reside dentro de él. Si amas los árboles, las montañas y los ríos, antes o después podrás ver las manos invisibles de Dios en todas las cosas. Podrás ver su sello en cada hoja. Para poder verlo necesitas tener ojos, y es algo que solo pueden apreciar los ojos positivos; los ojos negativos no ven nada.

Acéptate o te convertirás en un hipócrita. ¿Qué es un hipócrita? Es alguien que dice una cosa, cree en algo, aunque hace lo contrario. No te reprimas nada, no hay nada que sea negativo en ti. La existencia es absolutamente positiva. Expresa tu interioridad más recóndita. Canta tu canción sin preocuparte. No esperes que nadie aplauda, no es necesario. La recompensa simplemente debería ser cantar.

Si de verdad quieres vivir, en tu corazón deberá haber un profundo sí. Solo el sí te permite vivir. Te nutre, te da espacio para moverte. Obsérvalo, basta con repetir la palabra *sí* para que algo en tu interior se empiece a abrir. Si dices *no*, se encoge. Si dices no, y lo repites, te estarás matando. Di sí y sentirás la abundancia. Di sí y estarás listo para amar, para vivir, para ser.

Para mí todos los seres son espléndidos, únicos. Yo no comparo; no me gusta comparar porque las comparaciones son desagradables y violentas. No diré que eres superior ni inferior a nadie, solo eres tú mismo, y el mundo te necesita así. Eres incomparable, como el resto del mundo.

Parte II:
La conexión cuerpo-mente

¿Por qué todo el mundo parece estar tan agotado? Porque todos están luchando. La religión te enseña a luchar, lo único que te enseñan está basado en el conflicto, porque el ego solo surge por medio de la pelea. Cuando te relajas, el ego desaparece. Relajarse significa no tener ego. Si vas a favor de la corriente, no crearás un ego. El ego no es un fenómeno natural; para crearlo y mantenerlo se necesita mucha energía. Tener un ego es un fenómeno costoso. Inviertes en ello toda tu vida.

La conciencia y la relajación: las dos caras de la moneda

¿Por qué estás en tensión? Lo que te provoca tensión es tu identificación con todo tipo de pensamientos y temores: la muerte, la bancarrota, la devaluación del dinero..., todo esto constituye tu tensión y afecta a tu cuerpo. Tu cuerpo también se tensa, porque el cuerpo y la mente no son entidades separadas. El cuerpo-mente es un organismo único y cuando la mente está en tensión, el cuerpo se tensa.

Tomar conciencia y relajarte son las dos caras de la misma moneda. No se pueden separar. Si empiezas a tomar conciencia, notarás que te relajas; eso te apartará de la mente y de identificarte con ella. Naturalmente, el cuerpo empieza a relajarse. Ya no estás apegado, las tensiones no pueden existir bajo la luz de la conciencia.

También puedes empezar por el otro extremo. Relajándote..., dejando que desaparezca toda la tensión.., y cuando estés relajado, notarás cómo surge en ti una conciencia. Pero

es más fácil empezar por tomar conciencia; empezar por relajarse es más difícil, porque el esfuerzo de relajarse crea cierta tensión.

En Estados Unidos hay un libro titulado *Debes relajarte.*
¿Cómo puedes relajarte por *obligación*? Eso te pondrá en tensión, la palabra en sí provoca tensión. La *obligación* es como
un mandamiento de Dios. Es probable que el autor de ese libro
desconozca por completo la relajación y todas sus compleji-
dades.

De modo que, en Oriente, nunca hemos empezado a meditar
con la relajación, sino con la conciencia. Y después la relajación ocurre espontáneamente; no hay que hacer nada. Si tu-
vieras que hacer algo, habría cierta tensión. Debe llegar espontáneamente, solo así será una verdadera relajación. Y ocurre
naturalmente.

Si quieres, puedes empezar por relajarte, pero sin la idea de
«obligación». Empezar por relajarse es difícil, pero puedes in-
tentarlo si quieres. Se me ocurre una forma de empezar. He
trabajado con muchos occidentales y me he dado cuenta de el
hecho de que no son como los orientales, no conocen la corriente de conciencia oriental; proceden de una tradición diferente que nunca ha oído hablar de la conciencia.

Para los occidentales he creado meditaciones como la Meditación Dinámica. Cuando dirigía retiros para los meditadores,
solía usar una meditación del gibberish o la Meditación Kundalini. Si quieres empezar por relajarte, primero deberás usar
estas técnicas. Te ayudarán a liberarte de las tensiones de la

mente y el cuerpo, y luego te resultará más sencillo relajarte. No tienes noción de todas las cosas que estás reprimiéndote y que son la causa de tu tensión.

En los retiros de la montaña, he permitido que se haga la meditación del gibberish. En la ciudad no se podría porque los vecinos se volverían locos y llamarían a la policía diciendo: «¡Están amargándonos la vida!». Pero no se dan cuenta de que, si participaran desde sus casas, ¡se liberarían de la locura en la que viven! No son conscientes de su locura.

Durante la meditación del gibberish, todo el mundo puede decir lo que le venga a la mente. Es muy divertido escuchar lo que dicen –yo era el único testigo–, todo es irrelevante y absurdo. Puedes hacer lo que quieras, con la única condición de que no puedes tocar a nadie. La gente hace todo tipo de cosas..., uno hace el pino, otro se quita la ropa y corre desnudo... ¡en el transcurso de una hora!

Había uno que solía sentarse delante de mí todos los días –debía ser un bróker o algo parecido–, y al empezar la meditación, estaba sonriente pensando en lo que iba a hacer. Luego se ponía a hablar por teléfono: «Diga, diga...». Y me miraba de reojo. Yo evitaba su mirada para no interferir en su meditación. Estaba vendiendo y comprando acciones, y se pasaba toda la hora hablando por teléfono.

Todo el mundo hace cosas extrañas que han estado reprimiendo. Al terminar la meditación hay diez minutos de relajación, y durante esos diez minutos la gente se tumba sin haberlo decidido conscientemente, por puro agotamiento. Se han liberado de todo lo innecesario, y al sentirse más limpios, se pueden relajar. Miles de personas tumbadas..., pero no dirías que llegaban a mil.

La gente solía venir a decirme: «Alarga los diez minutos, jamás había experimentado tanta relajación, tanta felicidad. No me imaginaba que llegaría a entender lo que significa la conciencia, pero la he sentido».

Si quieres empezar por relajarte, antes tendrás que experimentar un método de catarsis. La Meditación Dinámica, la Kundalini, o el gibberish.

Seguramente no conocerás el origen del término *gibberish*; procede del nombre de un místico sufí, Jabbar. Era la única meditación que practicaba. Siempre que llegaba alguien, decía: «Siéntate y empieza». Y todos sabían a qué se refería. No hablaba, nunca daba discursos; solo enseñaba a la gente a practicar el gibberish.

De vez en cuando, por ejemplo, hacía una demostración. Y durante media hora decía cosas en un lenguaje incomprensible; decía todo lo que se le ocurría. Esa era toda su doctrina y si alguien lo había entendido, simplemente le decía: «Siéntate y empieza».

Jabbar ayudó a mucha gente a encontrar el silencio. ¿Cuánto tiempo se puede estar hablando? Llega un punto en el que la mente se queda vacía. Poco a poco, surge una nada..., y de esa nada sale la llama de la conciencia. Siempre está presente detrás de tu galimatías. Tienes que expresarlo porque es tu veneno.

Y lo mismo ocurre con tu cuerpo. Tu cuerpo tiene tensiones. Empieza a hacer los movimientos que te pida el cuerpo. No trates de intervenir. Si quiere bailar, trotar, correr, o quiere dar vueltas por el suelo, no lo hagas tú, deja que el cuerpo lo haga. Dile: «Eres libres, haz lo que quieras». Y te sorprenderás. «¡Madre mía! Mi cuerpo quería hacer todas esas cosas y yo se lo estaba impidiendo, por eso había tanta tensión».

De manera que hay dos tipos de tensión, la del cuerpo y la de la mente. Antes de empezar a relajarte tienes que liberarlas, y eso te conducirá a la conciencia.

Pero es mucho más fácil empezar por la conciencia, y especialmente para quienes son capaces de entender el proceso de la conciencia, que es muy sencillo. En tu vida cotidiana usas la conciencia con las cosas –los coches, el tráfico–, ¡eres capaz de sobrevivir incluso en medio del tráfico! Es una locura. Usas la conciencia sin ser consciente de que lo haces, pero solo con las cosas externas. Esta conciencia es la misma que hay que usar para el tráfico interno. Cuando cierras los ojos, hay tráfico de pensamientos, emociones, sueños, fantasías; todas esas cosas empiezan a desfilar.

Haz en tu mundo interior exactamente lo mismo que haces en el exterior y te convertirás en un testigo. La alegría de ser un testigo es tan grande, tan sobrenatural, que cuando la conozcas solo querrás adentrarte en ella cada vez más. Tratarás de hacerlo siempre que tengas un momento.

No se trata de estar sentado en una postura, de ir a un templo, una iglesia o una sinagoga. Puedes cerrar los ojos cuando no tengas nada que hacer en el autobús o en el tren. No se cansarán los ojos de mirar hacia fuera, y tendrás tiempo de observarte. De estos momentos puedes extraer las experiencias más maravillosas.

Y gradualmente, a medida que aumente tu conciencia, tu forma de ser cambiará. El mayor salto cuántico que existe es ir de la inconsciencia a la conciencia.

Simplemente tienes que aprender a ser consciente en cualquier situación. Aprovecha todas las situaciones para desarrollar la conciencia.

No te esfuerces más

Para sufrir tienes que emplear más energía que para ser dichoso. La dicha es un estado natural, de hecho, para ser dichoso no necesitas energía, porque es algo natural.

Para ser infeliz necesitas energía, porque no es natural. Cuanto más natural eres, menos energía necesitas; cuanto menos natural eres, más energía necesitas.

Si te pones de pie, consumes menos energía; si tratas de hacer el pino, consumes más energía. Siempre que notes que estás usando más energía, puedes concluir que estás pretendiendo hacer algo que no es natural. La meditación no requiere energía porque es pasiva, inactiva, quieta. ¿Qué energía necesitas para no hacer nada?

La rabia, el pensamiento y la violencia consumen energía porque es ir contra tu propia naturaleza, es luchar contra ella.

Es como intentar nadar contracorriente. Si vas a favor de la corriente no consumes energía. El río te lleva. Pero si intentas nadar contracorriente, tendrás que emplear mucha energía porque estás luchando contra el río.

¿Por qué todo el mundo tiene aspecto de estar agotado? Porque todos están luchando. La religión te enseña a luchar, todo lo que te enseñan se basa en el conflicto, porque el ego solo puede surgir a través de la lucha. Cuando te relajas, el ego desaparece. Relajarse significa no tener ego. Si vas con la corriente, no crearás un ego. El ego no es un fenómeno natural; crearlo y mantenerlo gasta mucha energía. Tener un ego es un fenómeno costoso. Inviertes en ello toda tu vida.

Lo primero que me gustaría decirte es que la conciencia no consume energía. Te sorprenderás, porque lo que consume energía es la inconsciencia. La meditación no necesita energía; el pensamiento sí. ¡La relajación no necesita energía! La tensión necesita energía, el malestar necesita energía.

No te equivoques. No se trata de hacer un esfuerzo para ser consciente. Si lo haces, estarás provocando una tensión en tu interior, cualquier esfuerzo provoca tensión. Si *intentas* ser consciente, estarás luchando contra ti. No es necesario. La conciencia no es consecuencia del esfuerzo, sino el aroma que desprende el dejarse llevar. La conciencia es el florecimiento de la entrega, de la relajación.

Simplemente siéntate tranquilo y relajado, sin hacer nada... y surgirá la conciencia. No tienes que sacarla de algún sitio para traerla. Empezará a embargarte sin que provenga de ningún sitio. Basta con que estés en silencio, sentado, y brotará de tu propia fuente.

Entiendo la dificultad de sentarse en silencio porque los pensamientos no dejan de afluir. ¡Déjalos! No luches contra ellos y así no consumirás energía. Permite que surjan, ¿qué otra cosa puedes hacer? Las nubes vienen y van; deja que los pensamientos vengan y vayan donde ellos quieran. No estés en guardia ni con una actitud de que debería o no debería haber pensamientos; no te juzgues. Deja que vengan y se vayan. Y permítete estar completamente vacío. Los pensamientos pasarán, vendrán y se irán, y lentamente verás que sus idas y venidas no te afectan. Cuando su aparición deja de afectarte, los pensamientos empiezan a desaparecer, a desvanecerse... *sin necesidad de hacer ningún esfuerzo*, sino gracias a la tranquilidad y la calma de tu vacío, a tu estado de relajación.

No creas que la relajación consume mucha energía. ¿Cómo es posible? La relajación significa simplemente no hacer nada.

Sentado en silencio,
sin hacer nada,
llega la primavera
y la hierba crece sola...

Deja que este mantra impregne tu corazón. Es la esencia misma de la meditación. Sentado en silencio..., sin hacer nada..., llega la primavera.. y la hierba crece sola... ¡Todo ocurre por su cuenta! No trates de ser el hacedor.

No trates de conseguir que la conciencia sea tu meta, o me habrás malinterpretado.

No elijas

Siempre que eliges dejas de estar completo; cuando rechazas algo, tienes que elegir algo. Estás tomando partido; estás a favor de algo y en contra de otra cosa. Ya no estás completo.

Si dices: «Elijo la meditación, ya no voy a enfadarme». El resultado más inmediato será la infelicidad. ¡No habrá meditación, solo desdicha! Ahora serás infeliz en nombre de la meditación; y puedes encontrar bonitos nombres para tu infelicidad.

El hecho de elegir es una desdicha. La dicha es no tener que escoger. ¡Date cuenta! Analízalo en profundidad para darte cuenta de que la elección supone infelicidad. Si eliges la dicha, provocarás desdicha. No elijas nada, y fíjate en lo que ocurre.

Es muy difícil no elegir. Siempre lo hemos hecho; toda nuestra vida es una sucesión de elecciones. Creemos que si nosotros mismos no lo hacemos nadie lo hará por nosotros. Nadie puede decidir por mí si no lo hago yo. Nadie puede luchar por mí si no lo hago yo. Creemos en un concepto estúpido: que la existencia está contra nosotros, que hay que luchar, y hay que estar permanentemente en guardia contra la existencia.

La existencia no va contra ti. Solo eres una onda en el océano, no estás separado de la existencia. ¿Cómo podría ir contra ti? ¡Formas parte de ella! Te ha dado la vida, ¿cómo podría una madre ir contra su hijo?

La existencia es nuestro hogar; pertenecemos a ella, y ella nos pertenece. No hay por qué preocuparse, no hay necesidad de luchar por los fines o metas personales. Puedes relajarte y sentir el sol, el viento, la lluvia. Puedes relajarte. El sol forma parte de nosotros del mismo modo que nosotros formamos parte del sol; y lo mismo ocurre con los árboles. Toda la creación es interdependiente; forma parte de una red muy compleja, pero todo está unido al resto. No hay nada que esté separado. ¿Qué sentido tiene elegir? Vive lo que te haya tocado con totalidad.

El problema surge al ver que hay polos opuestos en tu interior, y la mente lógica dice: «¿Puedo ser ambos?». Una vez, una persona me preguntó: «Cada vez que me enamoro, el amor interfiere en mi meditación. Cuando medito, el amor deja de tener interés. ¿Qué debo hacer? ¿Qué debería elegir?».

El concepto de elección surge porque hay polaridades opuestas. Sí, es verdad, cuando te enamoras tenderás a olvidarte de la meditación, y cuando empiezas a meditar, tiendes a perder el interés en el amor. ¡Sin embargo, no hay que elegir! Cuando te apetezca adentrarte en el amor, hazlo, ¡sin tener que elegir! Y cuando quieras meditar, hazlo, ¡sin elegir! No hay que elegir nada.

Y nunca puede surgir el deseo de ambas cosas. Es importante que entiendas esto: el deseo de ambas cosas *no* puede surgir. Es imposible, porque el amor es el deseo de estar con alguien; el amor es enfocarse en alguien. Y la meditación es olvidarte de los demás y enfocarte en ti mismo. Los dos deseos no pueden surgir a la vez.

Si quieres estar con alguien, significa que estás cansado de ti. Pero si quieres estar contigo, significa que estás cansado del otro. ¡Es un maravilloso movimiento! Estar con el otro origina en ti el profundo deseo de estar solo. Si se lo preguntas a los amantes, te dirán que en algún momento tienen el deseo de estar solos. Pero les da miedo hacerlo porque temen que estar solos vaya contra del amor, ¿qué le dirán a la persona amada? El otro puede sentirse ofendido. De manera que fingen, aunque quieran estar solos y tener su propio espacio, disimulan para seguir estando con la otra persona. Y esto es una falsedad, destruye el amor. Convierte tu relación en una hipocresía.

Si quieres estar solo, puedes decirle a la otra persona con todo el respeto y el cariño: «Me ha surgido un profundo deseo de estar solo, y tengo que seguirlo, no puedo elegir. No te ofendas, por favor. No tiene nada que ver contigo; simplemente es mi propio ritmo».

Esto permitirá a la otra persona ser sincera y auténtica contigo. Si realmente quieres a esa persona, poco a poco, el ritmo te llevará a la unión, y este es el milagro y la magia del amor. Si el amor entre los dos es genuino, el resultado es inevitable. Los dos descubrirán que el deseo de estar solos o juntos se manifiesta al mismo tiempo. Se convertirá en un ritmo: unas veces te acercas y te disuelves en el otro, y te olvidas de ti; otras veces te vas, te separas, te alejas, y buscas tu propio espacio para volver a ser tú mismo, para ser un meditador.

Entre la meditación y el amor no hay una elección. Hay que vivir ambas cosas. Tienes que hacer lo que surja en cada momento, lo que anheles profundamente en ese instante.

Acepta las subidas y bajadas

Tienes que aceptar las subidas y bajadas de la vida. Tiene un cierto ritmo: algunas veces sientes que estás acompasado, y otras veces no; es natural. Es como el día y la noche, el verano y el invierno. Hay que conocer las sombras de todas las cosas. Si no las aceptas, te preocuparás innecesariamente, y eso hará que todo sea más difícil.

Cuando surge algo bello, acéptalo, siéntete agradecido; y si no surge, también tienes que aceptarlo y sentirte agradecido, porque sabes que solo es una fase de descanso. Has trabajado a lo largo de todo el día y por la noche duermes. No debes sentirte infeliz por no poder trabajar, ganar dinero y hacer un millón de cosas al mismo tiempo, ni porque haya tantas cosas que hacer. ¡No te preocupes!

Pero hay personas que se preocupan. Dejan de dormir, y eso no les beneficia. Cuando alguien no duerme bien por la noche, durante el día está extenuado, más aún que al irse a la cama. Cuando alguien va a descansar olvidándose de lo que ha ocurrido durante el día, puede relajarse profundamente y al día siguiente verá todo con nuevos ojos y su ser se habrá recuperado. Podrá aceptar el nuevo día y darle la bienvenida, se sentirá feliz de respirar, de ver el sol y a toda la gente.

Recuerda que todo tiene un periodo de descanso. Y este periodo no está reñido con la actividad, sino que te aporta más energía y vitalidad.

No luches contra tu propia naturaleza

El psicólogo Hans Selye ha dedicado toda su vida a una sola cuestión: el estrés. Y ha llegado a profundas conclusiones. La primera es que el estrés no siempre es malo; se puede aprovechar para muchas cosas. No es necesariamente negativo; es malo pensar que siempre es negativo porque nos causa problemas. El estrés puede usarse a modo de trampolín, puede ser una fuerza creativa. Pero generalmente nos enseñan que el estrés es malo, de modo que cuando te encuentras en una situación de estrés sientes miedo. Pero el miedo hace que sea más estresante y esto no te ayuda.

Por ejemplo, los problemas económicos generan mucho estrés. En cuanto empiezas a notar una cierta tensión, sientes miedo. Y te dices: «Relájate». Pero no te servirá de nada intentar relajarte, porque no podrás hacerlo; en realidad, eso te provocará más estrés. Si estás estresado e intentas relajarte pero no lo consigues, aumentarás el problema.

Cuando sientas estrés, úsalo como una energía creativa. En primer lugar, acéptalo; no hay que luchar contra él. Acéptalo, no hay ningún inconveniente. Solo está diciendo: «Tienes problemas económicos, hay algo que va mal, podrías salir perdiendo». El estrés es la manera que tiene el cuerpo de indicarte que tiene que enfrentarse a una situación. Si intentas relajarte, si tomas analgésicos o tranquilizantes, estarás atentando contra tu cuerpo.

El cuerpo está preparándose para enfrentarse a una determinada situación, a un desafío. ¡Disfruta del desafío! Si algunas noches no eres capaz de dormir, no te preocupes. Usa la energía que surge del estrés: camina, sal a correr, date un buen paseo. Planea lo que quieres hacer, lo que tu mente quiere hacer. En lugar de intentar dormir, que es imposible, aprovecha esta situación de una forma creativa. La mente solo está diciendo que el cuerpo está preparándose para enfrentarse con una situación; no es el momento de relajarse. Puedes hacerlo más tarde.

De hecho, si vives el estrés con totalidad, luego te relajarás automáticamente; solo puedes llegar a ese punto, y luego el cuerpo se relaja. Es complicado relajarse en medio del problema, el cuerpo no puede hacerlo. Es como un corredor olímpico que se prepara para el toque de salida, la señal, a fin de salir corriendo como si se lo llevara el viento. Está cargado de estrés, no es el momento de relajarse. Si tomara un tranquilizante, no podría participar en la carrera. Y si se relaja e intenta hacer la meditación transcendental, perderá. Tiene que aprovechar el estrés: es una ebullición, se carga de energía. Cada vez tiene más vitalidad y potencia. Tiene que aprovechar su estrés y usar esa energía como un combustible.

Selye ha denominado este estrés con otro término: lo llama «eustrés», como euforia. Es un estrés positivo. Cuando el corredor finaliza la carrera, cae en un profundo sueño; el problema se resuelve. Ahora no tiene ningún problema, el estrés ha desaparecido solo.

Intenta hacer esto también: cuando estés en una situación estresante, no delires, no la temas. Adéntrate en ella y úsala para luchar. El ser humano tiene una gran energía, y cuanto más la usas, más energía tienes.

Cuando haya una situación de estrés, lucha, haz todo lo que puedas e involúcrate plenamente. Permítela, acéptala y dale la bienvenida. El estrés es bueno, te prepara para la lucha. Y cuando soluciones esta situación, te llevarás una sorpresa porque sentirás una profunda relajación sin haber hecho nada. Es posible que no puedas dormir durante dos o tres días, pero luego no podrás despertarte durante cuarenta y ocho horas, ¡y está bien!

Vamos acarreando falsas nociones; por ejemplo, la noción de que todo el mundo debe dormir ocho horas diarias. Pero depende de la situación. Hay situaciones que no requieren dormir; por ejemplo, si se incendia tu casa, no podrás dormir, y es mejor que sea así, de lo contrario, ¿quién se ocupará del fuego? Y cuando la casa está en llamas, todo lo demás queda al margen; de improviso, tu cuerpo se dispone a luchar contra el fuego. No tienes sueño. Cuando se haya apagado el fuego y todo vuelva a la normalidad, es posible que duermas largo y tendido, y eso está bien.

No todo el mundo necesita dormir las mismas horas. Hay personas que tienen suficiente con dos, tres, cuatro o cinco horas de sueño; otras necesitan seis, ocho, diez o doce horas. La gente difiere, no pasa nada. Y también experimentan el estrés de formas diferentes.

En el mundo hay dos tipos de personas: unos se podrían clasificar como caballos de carreras y los otros como tortugas. Si a los caballos de carreras no les permites ir rápido, hacer las cosas a toda velocidad, se estresarán; tienen que ir a su paso. Si eres un caballo de carreras, olvídate de la relajación y esas cosas; no son para ti. Si lo natural en ti es ser un caballo de carreras, haz las cosas sin pensar en lo que pierdes por no ser una tortuga; no te corresponde. Tú disfrutas con otras cosas. ¡Si una tortuga quisiera convertirse en un caballo de carreras, le pasaría lo mismo!

Acepta tu forma de ser. Si eres un luchador, un guerrero, tendrás que ser así, y eso es tu felicidad. No tengas miedo, hazlo de todo corazón. Sal al ruedo, haz lo que realmente quieres hacer. No temas las consecuencias y acepta el estrés que te provoca. Cada uno debe conocer su forma de ser. Si la aceptas, no hay problema; entonces podrás seguir un camino claro.

Busca la recompensa

Si te parece que eres el autor de tu infelicidad, es porque debes sacar algún provecho de ello, de lo contrario, ¿qué interés puedes tener? A veces la infelicidad puede tener muchos beneficios, aunque no te des cuenta ni seas consciente de ello, y por eso sigues pensando: «¿Por qué provoco mi infelicidad?». Pero no te das cuenta de que a cambio recibes algo que quieres.

Por ejemplo, cuando te sientes desdichado la gente siente compasión por ti. Cuando estás triste, tu marido te pone la mano en la cabeza, te da un masaje, está cariñoso, te presta atención. Sentirte infeliz conlleva muchos beneficios.

Mira a tu alrededor. Por la mañana, a los niños les empieza a doler el estómago justo cuando llega el autobús del colegio y se tienen que ir. ¡Y tú lo sabes! Sabes por qué a tu hijo le duele el estómago. Y es lo mismo que te pasa a ti. Aunque sea un poco más aparatoso y sofisticado, más calculado, sigue siendo lo mismo.

Cuando la gente empieza a fracasar en su vida, aumenta la tensión y sufren infartos y todo tipo de problemas. Esto son justificaciones. ¿Te has dado cuenta de lo que ocurre? Los infartos y la tensión alta suelen ocurrir casi siempre en torno a los cuarenta y dos años. ¿Por qué a esta edad? Una persona sana sufre repentinamente un infarto.

A los cuarenta y dos años se concluye de algún modo la vida, tanto si has fracasado como si has triunfado. Más allá de los cuarenta y dos años no tienes muchas esperanzas: si has ganado dinero, en ese momento ya lo tendrás, porque la época de más energía y poder ha pasado. La cresta es a los treinta y cinco años. Puedes sumarle siete años más, pero, en realidad, llevas siete años declinando. Has hecho todo lo que estaba en tus manos, y ahora, a la edad de cuarenta y dos años, bruscamente te das cuenta de tu fracaso.

Tienes que justificarte..., e inmediatamente sufres un infarto. Eso es un regalo caído del cielo, una bendición. Ahora puedes meterte en la cama y decir: «¿Qué voy a hacer? El infarto lo ha trastocado todo. Precisamente ahora que todo iba bien y estaba a punto de triunfar, tener buena reputación o hacer dinero, llegó el infarto». Pero el infarto es un magnífico camuflaje; ahora nadie podrá decir que tienes la culpa, que no has trabajado lo suficiente o que no eres lo bastante inteligente. Nadie se atreverá a decirte algo semejante. Todo el mundo se compadecerá de ti; serán muy amables y dirán: «¿Qué se puede hacer? Es el destino».

Eliges la infelicidad una y otra vez porque te proporciona algo, y para liberarte de ello necesitas saber qué es lo que te da. De lo contrario no lo conseguirás. Mientras no estés dispuesto a renunciar a los beneficios, no podrás librarte de la infelicidad.

Si la cárcel fuera un gran sitio, ¿quién querría marcharse? Si no quieres salir de tu cárcel, fíjate... porque debe haber algo que te mantiene ahí: alfombras de un extremo al otro, televisión en color, aire acondicionado, cuadros hermosos. Las ventanas no tienen barrotes y tampoco hay un guardia impidiéndote salir, ¡tienes la sensación de tener libertad absoluta! ¿Qué motivo tienes para huir? Pero la pregunta no es cómo salir de ahí, ¡sino cómo quedarte ahí!

Vuelve a observar tu infelicidad, no digas que es reprobable desde el principio, porque si lo haces no podrás observarla, no serás capaz de hacerlo. En realidad, no deberías llamarlo infe-licidad porque las palabras tienen muchas connotaciones. Llamarlo infelicidad es reprobarlo, y si lo haces te cierras a la experiencia y no puedes analizarla. Llámalo XYZ, da igual. Llámalo X. Sea cual sea la situación, trata de ser más matemático, llámalo X y luego analízalo y mira qué es, qué beneficios te proporciona, cuáles son los motivos que te llevan a crear esta situación y aferrarte a ella. Y te asombrarás; lo que llamabas infelicidad contiene muchas cosas que te gustan. Pero mientras no lo veas y analices lo que te gusta de la infelicidad, no podrás cambiar nada. De modo que hay dos posibilidades.

La primera es dejar de pensar en salirte de este antiguo patrón, esta es una de las posibilidades, porque obtienes muchos beneficios y lo aceptas. Aceptar el patrón es una transformación. Y la segunda posibilidad es darte cuenta de que tú mismo creas tu infelicidad debido a tus deseos inconscientes, y esos deseos son una estupidez. Cuando descubres esta estupidez, dejas de brindarle tu apoyo y desaparece por su propia cuenta. Estas son las dos posibilidades: dejar de apoyar tu infelicidad para que se esfume, o simplemente aceptarla porque te gusta lo que te da y abrirle los brazos; ¡al hacerlo la infelicidad también desaparece!

Son las dos caras de la moneda. Pero hay que entenderlo, para poder transformar la infelicidad tiene que haber una comprensión *total*. Gracias a esa comprensión, podrás dejarlo todo o aceptarlo todo. Son los dos caminos que tienes para que se produzca una transformación, el camino negativo y el positivo.

Buscar el cambio, apreciar lo que no cambia

En cierto modo, todos los días son iguales. ¿Podría ser de otra forma? Todos los días sale el mismo sol, y todas las noches se pone, pero si lo observas atentamente, ¿alguna vez has visto dos amaneceres idénticos? ¿Has visto los colores del cielo? ¿Te has fijado en las nubes que se forman alrededor del sol?

No hay dos amaneceres ni dos atardeceres iguales. El mundo es una continuidad discontinua; es discontinua porque en cada momento ocurre algo nuevo, pero es continua porque no es absolutamente nuevo. Está conectado. Es verdad que no hay nada nuevo bajo el sol, y al mismo tiempo no hay nada viejo bajo el sol. Ambas cosas son verdad.

No hay nada nuevo ni nada viejo. Todo va cambiando, pero, de algún modo, permanece igual, permanece igual, pero va cambiando. Esa es la maravilla, el misterio y el secreto de la existencia. No puedes reducirlo a una fórmula; no puedes decir que sea lo mismo, pero tampoco puedes decir que no lo sea. No puedes reducir la vida a categorías, no sirve de nada tratar de encasillarla. Cuando se trata de la vida, hay que olvidarse de encasillarla, de categorizarla. Está más allá de toda categorización, trasciende las categorías. Es tan vasta que no se puede encontrar un principio ni un final.

Yo estaba aquí ayer, pero hoy no soy el mismo. ¿Cómo voy a ser el mismo? En el tiempo transcurrido ha corrido mucha agua bajo el puente. Tengo veinticuatro horas más, se han sumado veinticuatro horas de experiencias, veinticuatro horas de conciencia. Soy más rico; no soy el mismo, la muerte está un poco más cerca. Tú tampoco eres el mismo, aunque parezcas el mismo y yo también.

Puedes entender lo que estoy diciendo. Este es el significado cuando digo que la vida es un misterio, porque no puedes clasificarla ni decir definitivamente que es de una forma concreta. En el momento que lo dices, inmediatamente verás que la vida te contradice.

¿Los árboles son los mismos de ayer? Han perdido muchas hojas, han salido otras nuevas, muchas flores se han marchitado y otras han crecido más. ¿Cómo puedes decir que son iguales? Observa, hoy los pájaros no cantan. Hay mucho silencio. Ayer estaban cantando. Era otro silencio, era una canción completa. El silencio de hoy es distinto, no es una canción completa. Ni siquiera sopla el viento, todo está quieto. Ayer hacía mucho viento. Hoy los árboles meditan, ayer bailaban. No puede ser lo mismo, aunque, en realidad, lo sea.

Solo depende de ti, de tu forma de ver la vida. Si la miras como si fuera siempre lo mismo, te aburrirás. No intentes responsabilizar a otra persona. Es tu forma de verlo. Si dices que es lo mismo, te aburrirás. Si ves el cambio constante, el fluir, el movimiento turbulento que hay alrededor, el dinamismo de la vida, la desaparición en cada momento de lo viejo y la llegada de lo nuevo; si ves el constante renacer, la mano de la naturaleza creando constantemente, te quedarás admirado, emocionado. Tu vida no será aburrida. Siempre te preguntarás: «¿Qué es lo próximo?». Tu mente no estará embotada. Tu inteligencia se agudizará y estará viva y rejuvenecida.

Pero depende de lo que quieras. Si quieres convertirte en una especie de muerto, bobo, embotado, melancólico, triste y aburrido, entonces piensa que la vida es siempre igual. Y si quieres ser joven y vital, estar fresco, radiante, entonces cree que la vida es una novedad en cada instante.

El filósofo griego Heráclito decía: «No puedes pisar dos veces el mismo río».

No puedes conocer dos veces a la misma persona, no puedes ver dos veces el mismo amanecer. Depende de ti. Si me entiendes, te diré que no elijas. Si eliges el concepto de que todo es viejo, te vuelves viejo. Si eliges que todo es joven y nuevo, te vuelves joven. Si me entiendes, te diré que no elijas porque las dos cosas son verdad. De esa forma trasciendes todas las categorías. No eres viejo ni joven. Te vuelves eterno, te divinizas, te vuelves como la vida misma.

Si crees que todo es lo mismo, te aburrirás. La repetición te matará. Para mantenerte despierto y vivo necesitas algo que no se repita. Los acontecimientos nuevos te mantienen vivo y alerta todo el tiempo.

¿Te has fijado en un perro cuando está tranquilamente sentado? Hay una piedra delante de él, pero no le importa. Si atas un hilo alrededor y empiezas a tirar de él, el perro dará un salto. Se pondrá a ladrar. El movimiento te agudiza y dejas de estar atontado. El perro ya no está somnoliento. Ya no sueña despierto. De repente, sale de su sopor. Algo ha cambiado.

El cambio es movimiento, pero el cambio constante también puede ser muy desestabilizador. Del mismo modo que puede ser mortífero que las cosas sigan constantemente inmutables, el cambio constante puede descolocarte.

Esto es lo que ocurre en Occidente, la gente siempre cambia de vida. Los estadistas dicen que en Estados Unidos la media más alta de estabilidad en el mismo empleo puede ser de tres años. La gente cambia de trabajo, de ciudad, de pareja, trata de cambiarlo todo –cambia de coche todos los años, cambia de casa–, tienen otros valores. En Inglaterra se fabrican los Rolls Royce. La idea era que un coche durara para siempre, toda la vida como mínimo. En Estados Unidos fabrican coches fabulosos, pero no les interesa que duren toda la vida, porque ¿quién quiere tener toda la vida el mismo coche? Les basta con que dure un año. Cuando un estadounidense se compra un coche, no le importa su duración, lo que le importa es que se pueda canjear. Los norteamericanos viven en el mundo del cambio –todo cambia–, sin embargo, han perdido sus raíces.

Siempre me sorprende cuando vuelvo a mi pueblo en la India. Lo primero que compruebo es que allí no pasa el tiempo. Todo es eternamente igual. Pero la gente tiene raíces. Están aletargados, pero tienen raíces. Estás cómodos, contentos. No están alienados. No se sienten extranjeros. Eso es imposible cuando las cosas siempre son iguales. Eran así cuando nacieron, y cuando mueran seguirán siendo así. Todo es muy estable. ¿Cómo puedes sentirte un extraño? Todo el pueblo es como una pequeña familia.

En Estados Unidos hay mucho desarraigo. Nadie sabe de dónde es. El arraigo, de hecho, se ha perdido. Si le preguntas a alguien «¿de dónde eres?», se encogerá de hombros porque ha estado en muchas ciudades, en muchos institutos y universidades. Ni siquiera está seguro de quién es porque su identidad es muy débil, fluctuante. En cierto sentido es bueno, porque están más despiertos y vivos, pero no tienen raíces.

Se ha probado de las dos maneras; en el pasado y durante mucho tiempo se probó con la estabilidad, el arraigo, nada nuevo bajo el sol. Esto termina por dañar la mente del ser humano. La gente se siente cómoda, pero no está viva. Luego, en Estados Unidos se dio otro fenómeno que se ha extendido al resto del mundo, porque Estados Unidos es el futuro. Todo lo que ocurre allí acaba contagiándose, un día u otro, al resto del mundo. Estados Unidos marca la pauta. Ahora la gente está muy viva, pero está desarraigada y no sabe de dónde es. Ha surgido en ellos el profundo deseo de pertenecer a algún sitio. Sentirse arraigados en algún lugar, poseer a alguien y ser poseído por alguien; algo que dure, que sea estable, que les proporcione un centro..., porque van dando tumbos de un sitio a otro y no parece haber descanso. Este cambio continuo y constante es muy estresante. Y el cambio se acelera a medida que pasa el tiempo, cada vez es más rápido. Todo refleja agitación, movimiento y caos, y la gente está muy estresada, vive bajo mucha presión y tensión.

Las dos cosas tienen sus ventajas y sus desventajas. Hay que hacer una síntesis de las dos tendencias. Tendríamos que darnos cuenta de que la vida es lo viejo y lo nuevo al mismo tiempo, simultáneamente; viejo porque el pasado está presente en todo momento, y nuevo porque, en potencia, el futuro está presente en este instante. El momento presente es la culminación del pasado y el principio del futuro. En este momento, todo lo ocurrido está oculto y lo que va a ocurrir también. Cada momento es pasado y futuro al mismo tiempo, es una convergencia de ambos. Hay algo viejo y hay algo nuevo, y si puedes ser consciente de ambas cosas, tendrás agudeza mental y al mismo tiempo tendrás raíces. Estarás relajado, sin estrés. No te aletargarás y estarás muy consciente y atento.

Me han contado una historia:

A una mujer le dio un ataque un día y rompió todos los platos y tazas reduciendo a añicos su impecable vajilla. Cuando llegó la policía, la llevaron al hospital psiquiátrico de la ciudad. El médico jefe mandó avisar a su marido.

—¿Sabe si hay algún motivo para que su mujer perdiera inesperadamente la cabeza?

—Yo estoy tan sorprendido como usted –respondió el marido–. No puedo imaginarme qué puede haberle ocurrido. Siempre ha sido una mujer tranquila y hacendosa. ¡Lleva veinte años sin salir de la cocina!

Es evidente por qué se volvió loca. Es como decir que dos y dos son cuatro. Si no sales de la cocina en veinte años, te puedes volver loco. Pero lo contrario también puede volverte loco.

No estar en casa durante veinte años y convertirte en un trota-mundos, yendo de un sitio a otro y sin parar en ninguno, lle-gando a los sitios y teniendo que salir, también puede volverte loco; si te conviertes en un gitano y no tienes casa, también te vuelves loco.

Por separado, las dos situaciones son arriesgadas. Pero jun-tas hacen que la vida tenga más riqueza. Las polaridades enri-quecen la vida: el yin y el yang, el hombre y la mujer, la oscu-ridad y la luz, la vida y la muerte, dios y el diablo, el santo y el pecador. Si no hubiera polaridades, la vida sería monótona. No elijas una vida monótona. Enriquécete.

Parte III:
Relacionarse desde el centro

Todas las relaciones son un espejo. El espejo de la otra persona refleja tu rostro. Es muy difícil que puedas verte directamente, sin reflejarte en nadie, si no tienes un espejo para ver tu rostro. ¿Qué mejor espejo que los ojos de otra persona?

A veces, cuando te miras en los ojos de tu enemigo, ves una faceta de tu ser. Cuando te miras en los ojos de tu amante o tu amigo, ves otra faceta de tu ser. Cuando te miras en los ojos de una persona que te es indiferente, ves otra nueva faceta de tu ser. Reúne todas esas caras porque son tuyas, son diferentes aspectos de tu ser. Muévete en múltiples situaciones, con gente diferente, en mundos distintos... y reúne toda esa riqueza, ese estar atento, alerta, consciente. Después vuelve a tu centro y llévalo contigo para que tu meditación sea más profunda y rica.

Vivir con los demás: las normas y cuándo hay que romperlas

Todo el mundo nace libre, pero muere encadenado. Al principio la vida es libre y natural, pero luego interviene la sociedad, las normas y los preceptos, la moralidad, la disciplina y la educación en conjunto, y pierdes la libertad, la naturalidad y la espontaneidad del ser. Empiezas a protegerte con una armadura. Cada vez estás más rígido. La suavidad interna ya no se puede distinguir.

Creas en torno a tu ser una especie de fortificación para defenderte, para no ser vulnerable, que te da seguridad y te protege. Empiezas a perder la libertad. Y empiezas a mirarte en los ojos de los demás. Su aprobación, su rechazo, su condena o su apreciación son cada vez más importantes. Los demás se convierten en tu criterio, empiezas a imitarlos y a obedecerlos.

Hay que vivir con los demás. Un niño es muy tierno, puedes moldearlo como quieras; la sociedad empieza a hacerlo: los padres, los profesores, la escuela; poco a poco, el niño se convierte en un personaje más que en un ser. Aprende todas las normas. Se vuelve conformista o rebelde; pero ambas cosas son una atadura. Volverse conformista, ortodoxo, «cuadrado», es un tipo de sumisión. Alternativamente, puede reaccionar y volverse un *hippy*, irse al extremo contrario, pero esto también es una sumisión porque la reacción depende de lo que nos hace reaccionar. Aunque vayas al otro extremo, en el fondo de tu mente estás rebelándote contra las mismas normas. Unos las obedecen y tú reaccionas contra ellas, pero el punto de mira siguen siendo las mismas normas. Tanto los reaccionarios como los revolucionarios, van en el mismo barco. Pueden estar enfrentados y darse la espalda, pero siguen en el mismo barco.

Una persona centrada no es reaccionaria ni revolucionaria. Una persona centrada no tiene ataduras y es natural; no está a favor ni en contra de nada, solo es ella misma. No tiene normas que obedecer o rechazar. Simplemente no tiene normas. Una persona centrada es libre en su propio ser, no está moldeada por las costumbres y los condicionamientos. No se ha «cultivado», no es que sea incivilizado o primitivo, al contrario, es el florecimiento más grande de la civilización y la cultura, pero no es un ser culto. Ha crecido siendo consciente y no necesita normas, ha trascendido todas las normas. Es sincero, pero no porque haya que serlo. Al no tener ataduras y ser natural, es sincero; es algo que sencillamente le ocurre. Es compasivo, pero no porque esté obedeciendo un precepto; no. Al ser libre y natural, siente que la compasión le rodea por todas partes. No lo hace deliberadamente; solo es una consecuencia del aumento de su conciencia. No está en contra de las sociedad ni a favor de ella, simplemente está más allá. Ha vuelto a ser un niño, un niño de un mundo completamente desconocido, de otra dimensión; ha vuelto a nacer.

Todos los niños al nacer son naturales y libres, pero luego entra en juego la sociedad, y lo hace por motivos concretos. Esto no está mal, ya que si dejaran a los niños a su antojo se volverían animales. La sociedad tiene que intervenir; es necesario pasar por ella, es algo que hay que hacer. Pero siempre hay que recordar que se trata de un pasaje que hay que atravesar. No debes construir tu casa ahí. Hay que estar en la sociedad para luego trascenderla; hay que aprender las reglas para luego desaprenderlas.

Un niño en el vientre de su madre está completamente solo, no necesita reglas, ni moralidad, ni disciplina, ni orden. Estas surgen cuando aparece el «otro» en nuestras vidas; las reglas surgen con las relaciones, porque ya no estás solo, tienes que pensar y tomar en consideración a los demás. Al nacer un niño, incluso su primera respiración es social. Si el niño no llora, los médicos le obligarán a hacerlo inmediatamente, porque si no llora al cabo de unos minutos morirá. Tiene que llorar para que se abra el conducto de los pulmones por el que respirará. Eso le ayuda a aclarar la garganta. Hay que obligarle a llorar porque está con otras personas que han empezado a moldearlo.

Esto, en sí, no es malo. Es necesario, pero habría que hacerlo de manera que el niño nunca pierda la conciencia de sí mismo ni se identifique con el patrón cultural, y pueda seguir siendo libre en su fuero interno, sabiendo que tiene que obedecer las reglas, pero que no son la vida, y sabiendo que la educación es necesaria. Esto es lo que una buena sociedad debería enseñar: «Las reglas son necesarias porque hay que vivir con los demás, pero no son absolutas. No pretendemos que te limiten, un día deberás trascenderlas». Una sociedad es buena cuando enseña a sus individuos a ser civilizados y a trascender.

Hasta un cierto punto tienes que hacer caso a los demás, pero a partir de ahí tienes que empezar a hacerte caso a ti mismo. Finalmente, tienes que volver al estado original. Antes de morir tendrás que volverte de nuevo un niño inocente, libre y natural, porque al morir entras de nuevo en la dimensión de la soledad. Del mismo modo que estabas en el vientre, al morir volverás a entrar en la dimensión de la soledad. Ahí no hay una sociedad. Durante toda la vida deberás buscar nuevos espacios en tu vida, escasos momentos como oasis en el desierto, que te permitan cerrar los ojos y trascender la sociedad, ir a tu interior, a tu propio útero..., esto es la meditación. La sociedad está ahí, pero simplemente cierras los ojos y te olvidas de ella para estar solo. Ahí no hay normas, no necesitas tener una personalidad, ni moralidad, ni palabras, ni idioma. Cuando estás ahí dentro, puedes ser libre y natural.

Desarrolla esa libertad y esa naturalidad. Aunque en el exterior sea necesaria la disciplina, en tu interior puedes seguir siendo salvaje. Si consigues seguir siendo salvaje y además practicar todo lo necesario para vivir en sociedad, pronto llegará un punto en el que podrás trascenderlo.

Te contaré una historia, es un cuento sufí.

Un anciano y un chico iban viajando con un burro. Llegaron caminando con su burro a las proximidades de una ciudad.

Unos colegiales pasaron a su lado y exclamaron entre risas: «Mira qué tontos: aunque tienen un burro fuerte, van a pie. Al menos el anciano debería ir en burro».

Cuando oyeron lo que decían, el anciano y el joven se preguntaron: «¿Qué debemos hacer? La gente se ríe de nosotros y pronto llegaremos a la ciudad, es mejor hacer lo que dicen». De modo que el anciano se subió al burro y el joven fue caminando detrás.

Entonces, pasaron junto a otro grupo de personas que les miraron diciendo: «¡Mira! El anciano va en burro y el pobre chico va a pie. ¡Qué absurdo! El anciano puede andar, pero el chico debería ir en burro». De modo que cambiaron de sitio; el anciano fue a pie y el chico montó en el burro.

Luego se cruzaron con otro grupo que dijo: «Mira que bobos. Ese chico debe ser muy arrogante. Quizá el anciano sea su padre o su maestro, pero el pobre va a pie y el chico va montado en el burro; ¡esto transgrede todas las reglas!».

Ahora ya no sabían qué hacer. Decidieron que solo había una posibilidad y era montarse los dos en el burro. De forma que lo hicieron. Entonces apareció otra gente, diciendo: «¡Que tipos tan violentos! El pobre burro no puede cargar con dos personas. Sería mejor que cargasen el burro a sus espaldas».

Los dos hombres volvieron a discutir, viendo que se aproximaban al puente y al río. Estaban en los umbrales de la ciudad,

y decidieron: «Es mejor hacer lo que dice la gente de esta ciudad, o pensarán que somos idiotas». Encontraron una vara de
bambú, le ataron las patas al burro y luego, a su vez, al bambú,
y lo acarrearon colocando la vara sobre sus hombros. El burro
intentó soltarse como hacen todos los burros, porque no se dejan dominar fácilmente. Intentó escaparse porque no cree en la
sociedad ni en lo que dicen los demás. Pero los dos hombres
eran muy fuertes, y el burro tuvo que rendirse.

Cuando iban por la mitad del puente, pasó un grupo de gente que se juntó diciendo: «¡Mira esos idiotas! Jamás habíamos
visto algo parecido, los burros son para transportar a las personas, y no para llevarlos a hombros. ¿Os habéis vuelto locos?».

Al oírlos –había una gran muchedumbre–, el burro empezó
a revolverse, estaba tan inquieto que se soltó y cayó al río desde el puente. Los dos hombres bajaron al río, pero el burro
estaba muerto. Se sentaron juntos en la orilla, y el anciano dijo:
«Escucha...».

No es un cuento normal, el anciano era un maestro sufí, un
iluminado, y el joven era su discípulo. El viejo maestro estaba tratando de enseñarle una lección, porque los sufís siempre
provocan situaciones, dicen que no se puede aprender debida-
mente a menos que te encuentres en una situación real. Todo
esto era un montaje para enseñarle una lección al joven. El anciano dijo: «Mira, si le haces demasiado caso a la gente, te pa-
sará lo mismo que a este burro, morirás. No te preocupes de lo
que digan los demás, porque hay millones de personas y cada
una piensa de una manera y dice algo diferente; cada persona

opina de una manera, y si tienes que hacer caso a todos, estás perdido».

No le hagas caso a nadie, sigue siendo tú mismo. No les prestes atención, muéstrate indiferente. Si prestas atención a todo el mundo, te zarandearán de un lado a otro. Y nunca podrás llegar a tu propio centro.

Todo el mundo se ha vuelto excéntrico. Me gusta mucho esta palabra en inglés, significa perder el centro, y se usa para referirse a los locos. Pero *todo el mundo* es excéntrico, todo el mundo ha perdido el centro. Todo el mundo te zarandea y así te ayudan a volverte excéntrico. Tu madre empuja hacia el norte, tu padre te empuja hacia el sur; tu tío dice una cosa, tu hermano otra. Tu mujer, por supuesto, te empuja en otra dirección distinta, y todo el mundo tira de ti hacia un lado. Poco a poco, llega un momento en el que no estás en ninguna parte. Te quedas en la bifurcación mientras te empujan del norte al sur, del sur al este, del este al oeste, pero no te mueves. Gradualmente, esto se va convirtiendo en tu vida, pierdes el centro. Esta es la situación. Si sigues prestando atención a los demás y no a ti, esta situación se repetirá.

El sentido de la meditación es centrarte, no estar descentrado, es alcanzar tu propio centro.

Escucha tu voz interior, siéntela, y déjate llevar por esa sensación. Llegará un momento en que las opiniones de los demás te harán reír, o te dejarán totalmente indiferente. Cuando te centres, te convertirás en una persona poderosa, nadie podrá zarandearte, nadie podrá empujarte, nadie se atreverá a hacerlo. Cuando estás centrado, tu poder es tan grande que una persona se olvida de la opinión que tenía acerca de ti cuando está a tu lado. Si alguien venía a empujarte, simplemente se le olvida. Mejor dicho, cuando se acerca a ti siente que lo neutralizas.

De este modo, una simple persona puede alcanzar a tener tanta fuerza que ni toda la sociedad en pleno, ni la historia misma podrán hacerlo mover ni un centímetro. Así es la existencia de Buda o de Jesús. Aunque puedas asesinar a Jesús, no podrás empujarlo. Aunque puedas aniquilar su cuerpo, no lograrás que se mueva ni un centímetro. No es porque sea inamovible y obstinado, no, simplemente está centrado en su ser. Sabe lo que es bueno para él, sabe lo que es la dicha. Ya le ha ocurrido y ahora no podrás moverlo para que persiga otros fines; ningún vendedor podrá tentarlo con nada. Habrá llegado a casa. Te escuchará pacientemente, pero no lo moverás. Está centrado.

Estar centrado es el primer paso para ser natural y libre; si no estás centrado, aunque eres natural y libre podrán llevarte a cualquier sitio. Por eso no les permiten ser libres y naturales a los niños, porque no tienen la madurez suficiente para serlo. Si les dejas ser naturales y libres en todas partes, estarán malgastando su vida. Por eso digo que el trabajo de la sociedad es necesario: al rodearlos con una fortaleza los está protegiendo. Los niños lo necesitan porque son muy débiles, cualquiera podría destruirlos. Ahí fuera hay una multitud y no podrían encontrar su camino solos, su personalidad necesita una armadura.

Pero si la armadura se convierte en tu vida, estás perdido. No debes convertirte en una *fortaleza*; debes seguir siendo el amo y conservar la capacidad de salirte de ella. De lo contrario no estará protegiéndote, sino que será una prisión. Deberías dejar a un lado tus principios. Si la situación lo exige, deberías ser capaz de responder de un forma absolutamente nueva. Si pierdes esta capacidad, te habrás quedado rígido y no podrás ser libre. Al perderla, te vuelves antinatural, no eres flexible.

La flexibilidad es juventud, la rigidez es vejez; cuanto más flexible seas, más joven; cuanto más rígido, más viejo. La vida es ser completamente libre, flexible.

No te olvides de esto.

Empieza por el centro

En el exterior, la vida es un torbellino, un conflicto constante, una confusión, una lucha. Pero solo en la superficie, del mismo modo que en la superficie del mar hay olas, un ruido ensordecedor y un conflicto constante. Pero la vida no es solo esto. En el fondo también hay un centro, silencioso, quieto, sin conflictos ni luchas. En el centro, la vida es un fluir silencioso, relajado, un río que avanza sin luchas ni peleas, sin violencia. Si te identificas con la superficie, con lo exterior, surgirán los miedos y temores. Esto es lo que le ocurre a todo el mundo; todos nos identificamos con la superficie y la lucha que tiene lugar allí.

En la superficie siempre hay alteraciones, esto no es un problema. Pero si estás enraizado en tu centro, las alteraciones de la superficie tienen una belleza, una belleza particular. Si puedes estar tranquilo en tu interior, todos los sonidos que oyes fuera serán armónicos. Y está bien, todo se convierte en un juego. Pero si no conoces tu fuero interno, tu centro silencioso, y te identificas completamente con la superficie, te volverás loco. Y casi todo el mundo está loco.

Hay varias técnicas, como el yoga, la meditación o el zen, que básicamente te ayudan a restaurar el contacto con el centro. Hay métodos que te permiten ir hacia dentro y olvidarte de la periferia, abandonar la periferia un tiempo y relajarte tan profundamente en tu ser que el exterior desaparezca y solo quede el interior. Una vez que aprendes a ir a tu interior, a adentrarte en tu ser, no es muy difícil. Pero si no sabes hacerlo y lo único que sabes es que tu mente se aferra a la superficie, será muy difícil. No es difícil relajarte en tu ser, lo difícil es no aferrarte a la superficie.

Una vez me contaron una historia sufí...

Un faquir sufí estaba de viaje. Era tarde por la noche y había perdido el camino. Estaba tan oscuro que no veía por donde iba, cuando, de repente, dio un paso y notó que no había nada bajo sus pies. Se agarró a una rama para evitar la caída, pero estaba aterrorizado. No sabía si allí abajo había un abismo muy profundo. Era una noche gélida. Gritó pidiendo ayuda, pero nadie le oyó, y solo le respondía el eco de su voz. La noche era tan fría que sus manos empezaron a congelarse, y sabía que antes o después tendría que soltar la rama y dejarse caer. Ya estaba perdiendo sus fuerzas. Le acechaba la muerte, en cualquier momento caería y moriría. Entonces llegó su último momento. Puedes imaginarte su terror. Estaba muriendo poco a poco, hasta que sintió que se le escurría la rama entre los dedos. No podía agarrarse y se soltó. Pero cuando se soltó...

¡Empezó a bailar! ¡No había ningún abismo, estaba de pie en suelo firme! Después de haber pasado toda la noche sufriendo...

Nosotros nos encontramos en la misma situación. Nos aferramos a la superficie, por miedo a perdernos si nos soltamos. En realidad, nos perdemos al agarrarnos a esa superficie. En el fondo solo hay oscuridad y no se ve el suelo, lo único que vemos es la superficie.

Todas las técnicas de meditación están ahí para volverte valiente, fuerte, aventurero, para dejar de agarrarte a la superficie y caer en tu ser. Eso que parece un profundo abismo sin fin es el suelo de tu ser. Cuando dejes la superficie, la periferia, te centrarás.

El propósito de la meditación es centrarse. Cuando estás centrado, puedes ir a la superficie, pero es algo completamente distinto. La calidad de tu conciencia cambia. Puedes *ir* a la periferia, pero nunca volverás a *ser* la periferia..., seguirás siendo el centro. Y es maravilloso seguir estando centrado al mismo tiempo que te ocupas de las actividades de la periferia. Ahora puedes disfrutarlo; se convertirá en un divertido juego. No hay ningún conflicto, todo es un juego. Todo lo que ocurre en la periferia no te provoca tensión alguna, y no sientes que te rodee el miedo o la angustia.

Si sientes que empieza a ser demasiado o que es una carga para ti, puedes volver a tu fuente original, puedes sumergirte en el centro de tu ser. Esto te ayudará a reponerte, a rejuvenecerte, para que puedas volver de nuevo a la superficie. Cuando sabes el camino, puedes hacerlo, y no es un camino muy largo. No tienes que ir a ninguna parte, excepto a tu propio ser que está muy cerca; lo tienes al lado. El único obstáculo es que te agarras a la superficie porque tienes miedo de perderte si te sueltas.

El miedo siente que va a morir. Ir al centro es como una muerte, en cierto modo es la muerte de tu identificación con la periferia para que tu propio ser tenga un nuevo sentido.

Deja a un lado la acción

Si quisiéramos explicar en pocas palabras qué son las técnicas de meditación, diríamos que consisten en relajarte profundamente en tu interior, es una relajación absoluta.

Siempre estamos en tensión; esto se debe a que nos agarramos y aferramos a las cosas. Nunca estamos relajados, nunca nos dejamos llevar. Siempre estamos *haciendo* algo, y el problema es ese *hacer*. Nunca estamos en un estado de no-hacer, dejando que las cosas pasen y nosotros simplemente estemos ahí, sin hacer nada. La respiración entra y sale, la sangre circula, y tú no tienes que hacer nada, no eres el hacedor. Simplemente estás relajado mientras las cosas ocurren.

Cuando las cosas ocurren sin tener que hacer nada, estás completamente relajado. Sin embargo, te tensas si tienes que hacerlas tú y las cosas no ocurren sin que tú las manipules.

Cuando estás durmiendo, puedes relajarte en parte, pero no del todo. Incluso durante tu sueño sigues manipulando, y no permites que ocurra todo. Si te fijas en una persona dormida, verás que su cuerpo está muy tenso. Si te fijas en un niño pequeño, verás que está muy relajado. Fíjate en los animales, en un gato.., los gatos siempre están relajados. Tú no te relajas ni aun cuando duermes; sigues tenso, luchando, moviéndote, peleando con algo. Tu cara expresa esa tensión. En tus sueños estás luchando, protegiéndote o protegiendo a alguien, haces lo mismo que harías cuando estás despierto, en la película interna vuelves a repetir las cosas. No te relajas; no te dejas llevar.

Esto hace que a la gente cada vez le cueste más dormir. Los psicólogos dicen que si esto continúa así llegará un día en el que la gente no podrá dormir de forma natural. Habrá que inducirles el sueño porque no podrán dormirse solos. Y ese día no está muy lejos.

En cierto sentido, la gente ya está acercándose a ese momento porque solo duermen parcialmente, solo se relajan parcialmente.

La meditación es el descanso más profundo, es una relajación absoluta a la que se le añade algo: estás completamente relajado y al mismo tiempo estás alerta. Eres consciente. Dormir estando alerta es meditar. Es estar plenamente alerta, las cosas ocurren sin que tú opongas resistencia, sin luchar, sin hacer nada. No hay un hacedor; se ha ido a dormir. Solo está el testigo; hay un estar alerta sin hacer nada. Entonces nada puede perturbarte.

Si sabes relajarte, nada te molestará. Si no sabes hacerlo, todo puede molestarte..., y digo *todo*. No te molesta una cosa en particular, todo es una mera excusa. Siempre estás dispuesto a sentir que algo te está perturbando. Si algo no te molesta, otra cosa lo hará; siempre habrá algo que te moleste. Tienes una disposición, una tendencia a que las cosas te perturben. Aunque desaparezcan todos los motivos, seguirás estando molesto. Te inventarás uno. Si no hay nada fuera, tú mismo crearás algo –una idea, un pensamiento– que te moleste. Pero siempre necesitas excusas.

Cuando aprendas a relajarte, nada te perturbará. No significa que el mundo haya cambiado o que las cosas sean distintas, el mundo seguirá siendo igual. Pero ya no tendrás esa disposición, esa locura; no estarás constantemente dispuesto a permitir que todo te perturbe. Las cosas que ocurren a tu alrededor te calmarán, incluso el ruido del tráfico. Incluso estar en la calle. Es algo que solo depende de ti. Es una cualidad interna.

Cuanto más vayas hacia tu centro, mayor será la sensación de relajación; y cuanto más vayas a la periferia, más te molestará todo. El hecho de permitir que todo te moleste solo significa una cosa: que estás viviendo en la periferia; solo eso. Esto indica que te has instalado en la superficie. Pero es un falso hogar, porque tu verdadera casa está en el centro, en el centro mismo de tu ser.

El corazón pacífico: una técnica para centrarte

El antiguo tratado conocido como el *Vigyan Bhairav Tantra* de Shiva enseña esta técnica:

Siéntate en una postura cómoda e impregna gradualmente de una gran paz la zona comprendida entre las dos axilas.

Es un método muy sencillo, pero tiene efectos milagrosos, pruébalo. Todo el mundo puede hacerlo, no entraña ningún peligro. En primer lugar tienes que estar en una postura cómoda y relajada, una postura que *te* resulte cómoda *a ti*. No intentes ponerte en una postura determinada. Buda se sentaba de una manera porque a él le resultaba fácil. A ti también te resultará fácil hacerlo si lo practicas durante un tiempo, pero no te resultará fácil al principio. Y tampoco tienes que practicar; empieza por la postura que te resulte más placentera en este momento. No trates de buscar una postura incómoda. Puedes estar sentado en una silla en la que te sientas bien y relajarte. Lo principal es que tu cuerpo esté cómodo y relajado.

Entonces, cierra los ojos y siente..., siente todo el cuerpo. Empieza por las piernas..., observa si hay alguna tensión. Si notas que hay tensión, ténsalo aún más. Si sientes que hay tensión en la pierna derecha, haz que la tensión aumente de intensidad en lo posible. Llévalo al límite y después relájala rápidamente, para que percibas cómo se relaja. Luego recorre todo el cuerpo buscando dónde hay tensiones. Vuelve a hacer lo mismo donde sientas tensión, porque es más fácil relajarte cuando es intensa. De lo contrario, es muy difícil, porque realmente no lo sientes. Es fácil ir de un extremo al otro, muy fácil, porque un extremo te pide ir al contrario. Si sientes tensión en la cara, aprieta los músculos faciales todo lo que puedas y lleva la tensión hasta el límite, y luego relájalos de pronto. Y del mismo modo observa que todas las extremidades y partes del cuerpo estén relajadas.

Haz especial hincapié en los músculos faciales, ya que acumulan el noventa por ciento de las tensiones, mientras el resto del cuerpo solo acumula el diez por ciento. La mayor parte de las tensiones proviene de la cabeza, por eso se concentran en la cara. Arruga la cara todo lo que puedas, sin vergüenza. Pon cara de intenso dolor y sufrimiento, y luego relájala rápidamente.

Explora tu cuerpo durante unos cinco minutos buscando las tensiones hasta que sientas que todos los miembros se han relajado. Esta postura es muy fácil. Puedes hacerlo sentado, tumbado en la cama o donde te encuentres más cómodo. *Siéntate en una postura cómoda, e impregna gradualmente de una gran paz el área comprendida entre las dos axilas.*

Y en segundo lugar: cuando sientas que el cuerpo ha encontrado una postura cómoda, no le prestes demasiada atención.

Siente que el cuerpo se ha relajado y olvídate de él. Porque acordarte del cuerpo conlleva una cierta tensión. Por eso digo que no le prestes atención. Relaja el cuerpo y olvídate de él. Olvidarse es relajarse. Siempre que estas recordando, esto crea tensión en el cuerpo.

Es posible que nunca lo hayas comprobado, pero puedes intentar hacer un experimento muy sencillo. Primero tómate el pulso. Después cierra los ojos y lleva tu atención al pulso durante cinco minutos, luego vuelve a tomártelo. El pulso estará más acelerado porque has dirigido tu atención a él, y eso provoca una tensión. Cuando un médico te toma el pulso, el resultado no es preciso, porque el corazón late siempre más rápido que antes de que el doctor empezara a medirte la frecuencia cardíaca. Cuando te pide que le des la mano, estás alerta.

Siempre que tomas conciencia de una parte del cuerpo, esa parte se tensa. Cuando alguien te está observando, te tensas; todo el cuerpo se tensa. Cuando estás solo es distinto. Si alguien entra en la habitación, tu estado cambia; tu cuerpo empieza a funcionar más rápido. Estás en tensión. No te preocupes demasiado por estar relajado o te obsesionarás. Relájate simplemente durante cinco minutos y luego olvídate de ello. El hecho de olvidarte te ayudará y sentirás que tu cuerpo se relaja más profundamente.

... e impregna gradualmente de una gran paz el área comprendida entre las dos axilas.

Cierra los ojos y siente el espacio comprendido entre las dos axilas: la zona del corazón, del pecho. Primero pon toda tu atención y conciencia en sentir lo que hay entre las dos axilas. Olvídate del resto del cuerpo, fíjate solo en esa zona, en el pecho, y siente que se llena de una gran paz.

Cuando el cuerpo se relaja, el corazón automáticamente siente paz. Se queda tranquilo, relajado, en armonía. Y cuando te olvidas del resto del cuerpo y concentras la atención en el pecho, sintiendo conscientemente que se llena de paz, de inmediato sientes que te inunda una profunda paz.

Hay partes del cuerpo y zonas específicas en las que puedes provocar ciertos sentimientos conscientemente. El centro del corazón está entre las dos axilas y es la fuente de toda la paz que experimentas en ciertos momentos. Cuando sientes paz, proviene del corazón. El corazón irradia paz. Por eso, en todas las partes del mundo, toda la gente sin distinción de religión, país o cultura, siente que el amor nace cerca del corazón. No tiene una explicación científica. Cuando piensas en el amor, piensas en el corazón. En realidad, cuando te enamoras estás relajado y te sientes lleno de paz por ese motivo. Esa paz surge del corazón.

Por eso se ha asociado la paz con el amor. Cuando estás enamorado sientes paz; cuando no estás enamorado, estás incómodo. Y, debido a esta paz, el amor se ha asociado al corazón.

Puedes hacer dos cosas. Puedes buscar el amor, y a veces encontrarás la paz. Pero es un camino arriesgado porque la persona que amas se vuelve importante para ti. El otro es el *otro*, y empiezas a depender de él. De manera que al amor algunas veces puede darte paz, pero no siempre. Puede haber muchas interferencias, momentos de sufrimiento y de miedo, porque el otro se ha adentrado en tu mundo. Es inevitable sentir perturbaciones siempre que entra alguien porque solo puedes encontrarte con la otra persona en la superficie. Y la superficie se alterará. Pero a veces, cuando los dos están profundamente enamorados y no hay conflictos, puedes relajarte y el corazón irradiará paz.

De modo que el amor puede darte atisbos de paz, pero no es nada inmutable, fijo. No podrás lograr la paz eterna, solo tendrás ciertos atisbos. Y entre dos atisbos hay un valle de conflicto, violencia, odio y enfado.

El otro camino es encontrar la paz directamente, y no a través del amor. Si la encuentras directamente –y este es el método–, tu vida se llenará de amor. Pero este amor tendrá una cualidad distinta. No será posesivo; no se centrará en una persona. No será dependiente ni hará que los demás dependan de ti. Tu amor se convertirá en cariño, compasión, en una profunda empatía. Y entonces nadie podrá perturbarlo, ningún amante, porque esa paz se asienta en tu interior, y el amor es el reflejo de tu paz interior. Le has dado la vuelta a todo.

Buda ama, pero su amor no conlleva sufrimiento. Si tú amas, sufrirás, y si no amas, también. Si no amas, sufres por la falta de amor, y si amas, sufres por la presencia del amor. Esto es así porque estas en la superficie y todo lo que hagas solo te dará una satisfacción transitoria, pero luego volverás a caer al oscuro valle.

Primero tienes que establecerte en tu propia paz. Así serás independiente y el amor no será una *necesidad*. Cuando estés enamorado no te sentirás atrapado; no sentirás que el amor es una dependencia, una esclavitud, una atadura. El amor solo será dar; sentirás tanta paz que querrás compartirla. Estarás dando sin esperar recibir algo a cambio; sin condiciones. Y el secreto es que cuanto más das, más recibes. Cuanto más das y compartes, más tienes. Cuanto más entras en el tesoro, que es infinito, más puedes dar a todo el mundo. Es inagotable.

Pero el amor tiene que ser el reflejo de la paz. Normalmente es al contrario: la paz llega como un resultado del amor. Cuando el amor es un reflejo de la paz, ese amor es bello. En el caso contrario, hasta el amor es desagradable, se convierte en una enfermedad, en una infección.

... e impregna gradualmente de una gran paz el área comprendida entre las dos axilas.

Toma conciencia de la zona comprendida entre las dos axilas y siente que está impregnada de una profunda paz. Siente ahí la paz y te darás cuenta de que estás lleno de ella. Siempre has estado lleno, pero no lo habías notado. Esto solo sirve para aumentar tu conciencia, para estar más cerca de casa. Cuando sientas esta paz, te alejarás de la superficie. No significa que allí no ocurran cosas, pero al hacer este experimento, cuando estés lleno de paz sentirás que te distancias de todo eso. Aunque oigas los ruidos de la calle, ahora habrá mucha distancia, mucho espacio. Están ahí, pero no te molestan; al contrario, te producen más silencio. Este es el milagro. Los niños están jugando, alguien escucha la radio, habrá gente discutiendo, y el mundo sigue su vida en torno a ti, pero tú sientes que hay una enorme distancia entre tú y el exterior. Esa distancia surge por alejarte de la periferia. En la periferia ocurren cosas pero a ti te parecerá que ocurren en otro sitio. No estás implicado. Nada te molesta, no te concierne, has trascendido. Esto es trascender.

Y naturalmente el corazón es el origen de la paz. No estás inventando nada. Simplemente estás yendo a la fuente que siempre ha estado ahí. Esta imagen te servirá para darte cuenta de que el corazón está colmado de paz..., pero no es que la imagen origine la paz. Esta es la diferencia entre la actitud oriental y la hipnosis occidental. El hipnotizador cree que lo creas con tu imaginación, sin embargo, los místicos orientales saben que no es así, que estás en sintonía con algo que ya estaba allí.

Todo lo que se crea con la imaginación no es permanente. Si no es real, será falso, irreal, y solo estarás creando una alucinación. Es mejor que las cosas te molesten y sea verdad, que alucinar con la paz, porque eso no te ayuda a crecer. Es un estado de ebriedad. Antes o después desaparecerá, porque la realidad acaba con la ilusión. La realidad acaba con todas las ilusiones; pero no puede hacerlo con una realidad superior.

La realidad superior acaba con la realidad de la periferia; por eso Shankara y otros filósofos orientales dicen que el mundo es una ilusión. No es que *sea* una ilusión, pero han llegado a conocer una realidad más elevada y desde esta altura este mundo parece un sueño. Está tan lejos, y la distancia es tan grande, que no pueden sentirlo como verdadero. El ruido de la calle pronto te parecerá un sueño, como si no fuese real. Y no puede afectarte. Es algo que está ahí, pasa a tu lado, pero no te toca. Si la realidad no te afecta, ¿cómo puedes sentir que es real? La realidad solo se siente cuanto te penetra profundamente. Cuanto más lo haga, más real te parecerá.

Shankara dice que el mundo entero es irreal. Debe haber llegado a un punto en el que la distancia es tan grande, tan inmensamente grande, que lo que ocurra en el exterior le parece casi un sueño. El mundo está a su alrededor, pero parece irreal porque no puede penetrarle. La medida de la realidad es la penetración. Si te lanzo una piedra, te golpeará. El golpe te penetra y eso hace que la piedra sea real. Si lanzo una piedra y te toca pero no te penetra, en el fondo sentirás el ruido de la piedra al tocarte, pero no sentirás ninguna molestia. Te parecerá falso, irreal, ilusorio.

Pero estás tan próximo a la periferia que, si lanzo una piedra, te hará daño. No hablo del cuerpo, el cuerpo se resiente en ambos casos. Si le lanzo una piedra a Buda, a él le dolerá el cuerpo igual que a ti. Pero Buda no está en la periferia, está asentado en su centro. Y hay una distancia tan grande que, aunque sienta el golpe de la piedra, no le hará daño. El ser permanece inmutable, inmaculado. Este ser inmaculado siente que le lanzan una piedra como si estuviese soñando. Por eso Buda dice que nada tiene sustancia, todo está *ausente de sustancia*. La palabra está vacía de sustancia, es lo mismo que dice Shankara, que el mundo es ilusorio.

Intenta hacer esto. Siempre que sientas una paz que te impregna entre las dos axilas, inundando el centro de tu corazón, el mundo parecerá ilusorio. Esta es la señal de que has empezado a meditar, de que has empezado a sentir y creer que el mundo es ilusorio. No pienses en la palabra *ilusorio*, no es algo que tengas que pensar, sino *sentir*. Y de repente te darás cuenta: «¿Qué le ha ocurrido al mundo?». El mundo parece un sueño. Sigue ahí, es una existencia ilusoria sin sustancia. Parece real, como una película proyectada en una pantalla. Puede ser incluso tridimensional. Aunque parezca algo, en realidad, es una proyección.

Esto no significa que el mundo sea realmente una proyección, no es que sea verdaderamente irreal, no es eso. El mundo es real, pero puedes interponer una distancia, y esa distancia se hace cada vez más grande. Por tu sentimiento respecto al mundo, puedes saber que está aumentando. Ese es el criterio. Ese es el criterio meditativo. No es verdad que el mundo sea irreal, pero el mundo se ha vuelto irreal para ti, porque estás centrado en tu ser. Ahora la distancia que hay entre la superficie y tú es tan grande que puedes ver la superficie como un objeto separado de ti. No te identificas con ella.

Es una técnica sencilla y no necesitas mucho tiempo. En ocasiones, la gente puede sentir su belleza y su milagro al primer intento. Inténtalo. Si no sientes nada la primera vez, no te desanimes. Espera y sigue practicando. Es tan sencillo que puedes hacerlo en cualquier momento. Puedes hacerlo tumbado en la cama por la noche, o por la mañana al despertarte. Hazlo antes de levantarte. Te bastará con diez minutos. Y hazlo otros diez minutos por la noche antes de dormir. Haz que el

mundo sea irreal y tendrás un sueño tan profundo que posiblemente nunca hayas dormido tan bien. Si el mundo se vuelve
irreal antes de dormirte, tendrás menos sueños. Porque si el
mundo se convierte en un sueño, no puedes soñar. Y si el mundo es irreal, te relajas completamente porque la realidad no te
afecta ni te golpea.

Esta técnica es muy buena para la gente que tiene insomnio.
Les ayuda mucho. Cuando el mundo es irreal, se disuelven las
tensiones. Si puedes alejarte de la periferia, encontrarás un estado de sueño profundo, estarás en ese estado incluso antes de
tener sueño. Y por la mañana estarás fresco y completamente
renovado, lleno de energía. Esto es porque estás volviendo a la
periferia después de haber estado en el centro.

En el momento en que recobres la conciencia y ya no tengas
sueño, no abras los ojos. Primero haz este experimento durante diez minutos y después abre los ojos. Después de haber descansado toda la noche, el cuerpo está relajado, se ha recobrado
y está vivo. Al estar relajado, no te llevará mucho tiempo. Sigue
relajado y lleva al conciencia al corazón, justo entre las dos axilas; siente que está impregnado de una profunda paz. Permanece en esa paz durante diez minutos y después abre los ojos.

El mundo te parecerá distinto porque tus ojos también irradian
esa paz. Y durante todo el día te sentirás distinto, no solo distinto, sino que verás que la gente se comporta contigo de otra
forma.

En todas las relaciones contribuyes con algo tuyo. Si cambia
tu contribución, la gente también se comporta de otra forma,

porque sienten que has cambiado. Es posible que no lo sepan. Pero cuando estás lleno de paz, la gente se comporta contigo de un modo diferente. Son más cariñosos y amables, menos desconfiados, más abiertos, más próximos. Hay un imán. El imán es la paz.

Cuando estás en paz, la gente se siente atraída hacia ti; cuando estás alterado, la gente se siente repelida. Este fenómeno es tan físico que puedes comprobarlo fácilmente. Cuando estés en paz, verás que la gente quiere acercarse a ti porque irradias esa paz, te rodea una vibración. Estás rodeado de círculos de paz y todo el que llega quiere acercarse más a ti, como si quisieran relajarse a la sombra de un árbol.

Cuando una persona está en paz, le rodea una sombra. Vaya donde vaya la gente querrá estar cerca, estará más abierta, confiará más. Sin embargo, si alguien tiene una lucha interna, un conflicto, está sufriendo y en tensión, repele a los demás. Cualquiera que se acerque a esa persona se asustará, porque es peligrosa. Es un riesgo estar cerca de ella.

Porque siempre das lo que tienes, esto es lo que haces. Es probable que quieras amar a alguien, pero si estás muy revuelta internamente, incluso tu amante se sentirá rechazado y querrá huir porque consumes toda su energía y no se siente feliz contigo. Y cuando dejes a tu amante, estará cansado, exhausto, porque tu energía no tiene vitalidad; es una energía destructiva.

De modo que no solo tú verás que has cambiado, los demás también lo notarán.

Si te acercas un poco más al centro, todo tu estilo de vida puede cambiar; del mismo modo que cambia tu perspectiva y el resultado de tus acciones. Cuando estás en paz, todo el mundo está en paz contigo. Es un reflejo. Lo que eres se refleja a tu alrededor. Todo el mundo se vuelve un espejo.

La historia de él/la historia de ella

El hombre y la mujer han vivido juntos desde hace miles de años, aunque sean un extraño el uno para el otro; este es uno de los fenómenos más sorprendentes. Aunque tengan hijos, siguen siendo extraños. El enfoque femenino y el enfoque masculino son tan opuestos que hay que hacer un esfuerzo consciente y convertirlo en tu meditación o, de lo contrario, no hay esperanzas de tener una vida pacífica.

Es uno de mis mayores desvelos: cómo hacer que el amor y la meditación estén tan entrelazados que una historia de amor pueda convertirse automáticamente en una relación de meditación, y cada meditación te haga tomar conciencia para no caer enamorado, sino elevarte en el amor. Puedes buscar un amigo conscientemente, deliberadamente.

A medida que profundiza tu meditación, tu amor también lo hará; y viceversa, cuando florece tu meditación, tu amor también. Pero esto es en otro nivel completamente distinto.

No estás conectada a tu marido por medio de la meditación. Nunca os sentáis en silencio durante una hora para sentir la conciencia del otro. O bien os peleáis, o bien hacéis el amor, pero ambas cosas están asociadas al cuerpo, a la parte física, biológica, hormonal. No os relacionáis con el fuero interno del otro. Vuestras almas están separadas.

Vuestros cuerpos se casan en los templos, las iglesias y los juzgados. Pero las almas están a kilómetros de distancia. Incluso cuando haces el amor con tu pareja, ni tú ni tu pareja estáis ahí. Es posible que él esté pensando en Cleopatra, Helena de Troya o en alguna actriz de cine. Y tú también estarás pensando en otra persona. Quizá sea ese el motivo por el que las mujeres cierran los ojos, para no ver la cara de su marido, para no asustarse. Ella está pensando en Alejandro Mango, Iván el Terrible, pero si mira sufrirá una desilusión. Él parece un ratón.

Incluso en esos bellos instantes que deberían ser sagrados, meditativos y de un profundo silencio..., ni siquiera en esos momentos estás solo con tu amante. Siempre hay una multitud. Tu mente siempre está pensando en otra persona, y la mente de tu mujer está pensando en otro. Pareces un robot, todo lo que haces es mecánico. Hay una fuerza biológica que te esclaviza, y lo llamas amor.

Me han contado que una mañana temprano un borracho que estaba en la playa vio a un hombre hacer flexiones. El borracho se acercó para verlo de cerca desde todos los ángulos, y finalmente dijo: «No quisiera entrometerme en un asunto tan íntimo, pero tengo que decirle que su novia se ha marchado. No siga fatigándose inútilmente..., ¡levántese y averigüe dónde está!».

Al parecer, esta es la situación. Cuando haces el amor, ¿realmente está ahí tu mujer? ¿Realmente está ahí tu hombre? ¿O acaso estás participando en un ritual, en algo que hay que hacer, en una obligación que debes cumplir?

Si quieres tener una relación armoniosa con tu pareja, deberás aprender a ser más meditativo. El amor no es suficiente. El amor es ciego, y la meditación le permite ver. La meditación le permite entender. Cuando vuestro amor es al mismo tiempo meditación, os volvéis compañeros de camino. Ya no es una relación corriente entre dos personas. Se convierte en una amistad que te acompaña en el camino para descubrir los misterios de la vida.

Para un hombre o una mujer solos, este viaje será muy largo y tedioso..., en el pasado siempre ha sido así. Al ver que había un conflicto constante, todas las religiones decidieron que había que renunciar al otro para seguir el camino espiritual.., los frailes y las monjas debían acatar el celibato. Pero, a lo largo de cinco mil años de historia, ¿cuántos frailes y monjas han llegado a la realización? Te sobrarán dedos de las manos para contarlos. Y ha habido millones de frailes y monjas en todas las religiones..., budistas, hinduistas, católicos, musulmanes. ¿Qué ha ocurrido?

No es un camino tan largo. La meta no está tan lejos. Pero aunque solo sea para ir a casa de tu vecino, necesitas las dos piernas. Si vas saltando a la pata coja, ¿cuánto puedes avanzar?

El hombre y la mujer juntos en profunda amistad, con una relación amorosa y meditativa, siendo un solo ser orgánico, pueden alcanzar la meta en el momento que quieran. Porque la meta no está fuera de ti; está en el centro del huracán, en el fondo de tu ser. Pero solo podrás alcanzarla si estás completo, y no estás completo sin el otro.

El hombre y la mujer forman parte de una unidad.

En lugar de perder el tiempo en peleas, intentad comprenderos. Intentad poneros en el lugar del otro, ver las cosas como las vería un hombre, ver las cosas como las vería una mujer. Cuatro ojos ven más que dos, te dan una visión completa; te permiten ver en las cuatro direcciones.

Pero debes recordar una cosa: si no hay meditación, el amor tenderá a fracasar; no tiene posibilidades de triunfar. Aunque finjas y engañes a los demás, no puedes engañarte a ti mismo. En el fondo, sabes que todas las promesas que te había hecho el amor no se han cumplido.

Solo la meditación puede hacer que el amor empiece a tener otro sabor, otra música, otras canciones, otros bailes..., porque la meditación te permite tener una visión que te ayuda a comprender el polo opuesto, y con esa comprensión desaparece el conflicto.

Todos los conflictos que hay en el mundo se deben a malentendidos. Tú dices algo, pero tu mujer entiende otra cosa. Tu mujer te dice algo, pero tú entiendes otra cosa.

He conocido parejas que llevan juntos treinta o cuarenta años; sin embargo, siguen teniendo la misma inmadurez del primer día. Siguen quejándose y diciendo: «Ella no me entiende». Aunque lleváis cuarenta años juntos, todavía no habéis sido capaces de encontrar una forma de que tu mujer entienda exactamente lo que dices, o tú entiendas exactamente lo que dice ella.

Creo que la única manera de que esto suceda es a través de la meditación, porque la meditación te permite que haya silencio, conciencia, te permite escuchar pacientemente y te da la capacidad de ponerte en el lugar del otro.

Las cosas no son imposibles, pero no hemos usado la medicina adecuada.

Me gustaría recordarte que la palabra *medicina* proviene de la misma raíz que *meditación*. La medicina cura el cuerpo, y la meditación cura el alma. La medicina cura el cuerpo material, y la meditación cura el cuerpo espiritual.

Las personas viven juntas, pero el alma está llena de heridas, por eso les afecta tanto cualquier cosa.

El mulá Nasrudín me preguntó:

—¿Qué debo hacer? Diga lo que diga siempre hay un malentendido y surge un problema.

—Intenta hacer esto –le respondí–. Siéntate en silencio y no digas nada.

Al día siguiente estaba más descontento que nunca, y le pregunté:

—¿Qué ha ocurrido?

—No te vuelvo a pedir consejo nunca más –exclamó–. Todos los días había pelea y discusiones, pero solo era verbal. Ayer, gracias a tu consejo, ¡me ha pegado!

—¿Cómo? –pregunté–. ¿Qué ha pasado?

Él respondió:

—Estaba sentado en silencio y ella me hacía muchas preguntas, pero yo había decidido permanecer en silencio, y dijo: «¿No vas a contestarme?». Yo seguí callado. ¡Entonces empezó a tirarme cosas! Estaba indignada, y me dijo: «Las cosas van de mal en peor. Antes por lo menos hablábamos; ¡ahora hemos pasado a otro extremo!».

—Eso está fatal –dije.

—¿Fatal? –exclamó–. Vino todo el vecindario para preguntar: «¿Qué te ocurre? ¿Por qué no hablas?». Alguien exclamó: «Es como si le hubiera poseído un espíritu maligno».

»Y yo pensé, ay, Dios mío, ahora querrán llevarme a un idiota para sacarme el espíritu maligno a golpes. Y dije: "¡Esperad! No estoy poseído por un espíritu maligno, no quiero hablar porque todo lo que digo se convierte en una disputa. Cuando digo algo, ella tiene que decir otra cosa, y luego yo digo otra cosa, y no se acaba nunca". Solo estaba meditando en silencio sin molestar a nadie y, de repente, ¡me he encontrado a todos los vecinos en mi contra!

La gente no entiende lo que pasa, y es inevitable que todo acabe siendo un desastre.

Si quieres a un hombre, el mejor regalo que puedes hacerle será la meditación. Si quieres a una mujer, un anillo de diamantes no tiene ningún valor; el mejor regalo es la meditación, porque transformará tu vida en una felicidad absoluta.

En potencia, todos tenemos la capacidad de ser felices, pero no sabemos llegar a serlo. Cuando estamos solos, generalmente estamos tristes. Pero estar juntos, ¡se convierte en un infierno!

Incluso Jean Paul Sartre, una persona realmente inteligente, dijo que el otro era un infierno y era mejor estar solos, con el otro no llegas a nada. Y se volvió tan pesimista que llegó a decir que era imposible llegar a algo con otra persona porque es un infierno. En general, tenía razón.

Si meditas, la otra persona se convierte en tu cielo. Pero Jean Paul Sartre no conocía la meditación.

Esta es la desgracia de los occidentales. Por no conocer la meditación, se pierden el florecer de la vida, y los orientales se lo pierden porque no saben nada del amor.

A mí modo de ver, del mismo modo que el hombre y la mujer son dos partes de un todo, el amor y la meditación también lo son. La meditación es el hombre; la mujer es el amor, y el encuentro de la meditación y el amor es el encuentro del hombre y la mujer. En ese encuentro podemos crear un ser humano trascendental, que no es ni hombre ni mujer.

El mundo no tiene muchas esperanzas a menos que creemos un ser humano trascendental.

Hacer el amor como una meditación

El tantra siempre ha sido malinterpretado. La gente corriente no puede entenderlo; es inevitable que les ocurra esto. El tantra es una forma de oración, no tiene nada que ver con el sexo. Hacer el amor tampoco tiene nada que ver con el sexo. Cuando se convierte en una meditación, en una oración –cuando las energías se mezclan y se funden con un sentimiento de oración–, ni siquiera es por algo lúdico o por diversión, es devoción.

———

Esta es la técnica del tantra para hacer el amor como una meditación.

Cuando te acarician, siéntelo como si fuese la vida eterna.

Esta técnica se relaciona con el amor, porque el amor es lo más próximo que hay en tu vida donde puedas sentirte relajado. Si no puedes amar, no podrás relajarte. Si puedes relajarte, tu vida será amorosa.

Una persona tensa no puede amar. ¿Por qué? Una persona tensa siempre tiene un propósito en la vida. Puede ganar dinero, pero no puede amar porque el amor no es un propósito. El amor no es una mercancía. No puedes acumularlo, no puedes tener un saldo a tu favor en tu cuenta bancaria; no puedes reforzar tu ego con él. En realidad, el amor es el acto más absurdo porque no tiene ningún sentido y ningún propósito más allá de él mismo. Existe por el hecho de existir, por nada más.

Cuando ganas dinero, es *para* hacer algo, es un medio. Cuando construyes una casa, es para vivir en ella, es un medio. Pero el amor no es un medio. ¿Por qué amas? ¿Para qué amas? El amor es un fin en sí mismo. Por eso, una mente calculadora, lógica, que piensa en términos de propósitos, no puede amar.

Una mente con propósitos siempre estará en tensión, porque
solo pueden satisfacerse en el futuro, no aquí y ahora. Si construyes una casa, no puedes vivir en ella ahora mismo, primero
tendrás que terminarla. En el futuro podrás hacerlo, pero ahora
no. Si ganas dinero, en el futuro tendrás un saldo en tu cuenta,
pero ahora no. Los medios son el presente, pero los fines llegarán en un futuro.

El amor siempre es en el presente; no tiene futuro. Por eso
es muy próximo a la meditación. Y por eso la muerte también
lo es, porque la muerte siempre es aquí y ahora, nunca ocurre
en el futuro. ¿Cómo puedes morirte en el futuro? Solo podrás
hacerlo en el presente. Nadie ha muerto en el futuro. Es imposible. Y tampoco puedes morirte en el pasado. El pasado se ha
ido, ya no está, de modo que no puedes morirte ahí. La muerte
ocurre siempre en el presente. La muerte, el amor y la meditación ocurren en el presente. Si tienes miedo a morir, no podrás amar. Si tienes miedo a amar, no podrás meditar. Si tienes
miedo de meditar, habrás desperdiciado tu vida. No digo que
la desperdicies en el sentido de lograr un propósito, sino en
el sentido de que nunca sentirás dicha en tu vida. Habrá sido
inútil.

Aunque la conexión entre el amor, la meditación y la muerte
te parezca extraña, ¡no lo es! Son experiencias parecidas. Si puedes adentrarte en una, podrás hacerlo en las otras dos.

Esta técnica está relacionada con el amor. Dice: *Cuando te
acarician, siéntelo como si fuese la vida eterna.* ¿Qué significa esto? ¡Muchas cosas! Primero: cuando te aman, el pasado

cesa y el futuro no existe. Estás en la dimensión del presente. Vives en el *ahora*.

¿Has amado alguna vez a alguien? Si lo has hecho, sabrás que la mente deja de estar omnipresente. Por eso la gente supuestamente sabia dice que el amor es ciego, que los amantes no reflexionan, están locos. En esencia tienen razón. Los amantes están ciegos porque no tienen ojos para el futuro, para calcular lo que van a hacer. Están ciegos; no ven el pasado. ¿Qué les ha ocurrido? Su vida transcurre en el aquí y ahora sin tomar en consideración el pasado ni el futuro, sin tomar en consideración las consecuencias. Por eso se dice que están ciegos. ¡Y lo están! Para las personas calculadoras están ciegos, y para quienes no calculan son visionarios. Los que no calculan dirán que el amor es verdad, es una visión verdadera.

En primer lugar, cuando hay amor no hay pasado ni futuro. Entonces surge una cuestión delicada que hay que comprender. Si no hay pasado ni futuro, ¿cómo puedes decir que esto es el presente? El presente solo existe entre el pasado y el futuro, entre los dos. Es relativo. Si no hay pasado ni futuro, ¿qué sentido tiene hablar del presente? No tiene ningún significado. Por eso Shiva no utiliza la palabra *presente*. Siempre dice la *vida eterna*. Se refiere a la eternidad..., a entrar en la eternidad.

Nosotros dividimos el tiempo en tres partes: pasado, presente y futuro. Pero es una división falsa, completamente falsa. En realidad, el tiempo consta de pasado y futuro. El presente no forma parte del tiempo. El presente forma parte de la eternidad. Lo que ya ha ocurrido está dentro del tiempo, y lo que va a ocurrir también. Pero lo que ocurre ahora no está dentro del tiempo porque no transcurre, siempre está aquí. El ahora siempre está aquí. ¡Siempre! El ahora es eterno.

Si sales del pasado, no pasas al presente. Del pasado siempre pasas al futuro; no hay un momento que sea el presente. Nunca podrás pasar del presente al futuro. Puedes ahondar en el presente y que cada vez sea más presente. Eso es la vida eterna.

Se podría decir de otra forma: el tiempo va del pasado al futuro. El tiempo se mueve en un plano, es lineal. O podríamos decir que es horizontal. Cuando estás en el presente, cambias de dimensión, te mueves verticalmente, hacia arriba o hacia abajo, hacia las alturas o hacia las profundidades. Pero no te mueves horizontalmente. Buda y Shiva viven en la eternidad, no en el tiempo.

Una vez le preguntaron a Jesús: «¿Qué ocurrirá en el reino de Dios?». La persona que hizo esta pregunta no se refería al tiempo. Estaba preguntando qué ocurriría con sus deseos, cómo iba a cumplirlos. Estaba preguntando si la vida sería eterna o si existiría la muerte; si habría infelicidad, si habría personas inferiores y superiores. Cuando hizo esta pregunta, «¿Qué ocurrirá en el reino de Dios?», se estaba refiriendo a cosas de este mundo. Y la respuesta de Jesús fue como la de un monje zen: «El tiempo dejará de existir».

Es probable que ese individuo no supiera lo que quería decir con esa respuesta, «el tiempo dejará de existir». Jesús respondió, «el tiempo dejará de existir», porque el tiempo se mueve en una línea horizontal y el reino de Dios es vertical..., es eterno. ¡Siempre está presente! Para entrar en él solo tienes que salirte del tiempo.

El amor es la primera puerta. A través de esta puerta puedes salirte del tiempo. Por eso todo el mundo busca el amor, y todo el mundo quiere amar. En cambio, nadie sabe por qué se le da tanta importancia al amor, porque sentimos ese profundo anhelo de amar. A menos que lo sepas con certeza, no podrás amar ni ser amado, porque el amor es uno de los fenómenos más profundos de la Tierra.

Pensamos que todo el mundo es capaz de amar tal y como es. Pero esto no es el caso, no es así. Y por eso te desesperas. El amor tiene otra dimensión; si tratas de amar a alguien en el tiempo, fracasarás en tu propósito. El amor no puede darse dentro del tiempo.

Si miro al frente, veo una pared; si muevo los ojos veo el cielo. Cuando miro dentro del tiempo, siempre encuentro una pared. Cuando miro más allá del tiempo, veo el cielo abierto..., infinito. El amor es la puerta al infinito, a la eternidad de la existencia. Si realmente has amado, el amor puede convertirse en una técnica de meditación. La técnica es esta: cuando te amen, entra en el amor como si fuera la vida eterna.

Cuando seas un amante, no te mantengas al margen, fuera. Vuélvete cariñoso y entra en la eternidad. Cuando amas a alguien, ¿estás ahí como el amante? Si es así, estás dentro del tiempo y el amor es falso. Si sigues ahí y puedes decir «Yo soy», aunque estés físicamente cerca, vuestros polos espirituales estarán separados.

Cuando estás enamorado, dejas de existir, solo existe el amor, el hecho de amar. Vuélvete cariñoso. Cuando acaricies a tu amante o a tu amada, conviértete en la caricia. Cuando beses, no seas el que besa ni el besado, sé el beso. Olvídate completamente del ego, disuélvete en el acto. Adéntrate en él hasta que el actor desaparezca. Si no eres capaz de adentrarte en el amor, difícilmente podrás hacerlo al comer o al caminar, porque el amor es el método más sencillo para disolver el ego. Por eso los egoístas no pueden amar. Pueden hablar, cantar o escribir sobre ello, pero son incapaces de amar. ¡El ego no puede amar!

Sé cariñoso. Cuando abraces, conviértete en el abrazo, conviértete en el beso. Olvídate de ti hasta el punto de decir: «Ya no existo. Solo existe el amor». Entonces el corazón deja de latir y late el amor. La sangre deja de circular y circula el amor. Los ojos dejan de ver y ve el amor. No son las manos que se mueven para tocar, es el amor. Conviértete en amor y entra en la vida eterna. De repente, el amor te hará cambiar de dimensión. Te sacará del tiempo y verás la eternidad. El amor puede ser una profunda meditación, la más profunda que hay. Hay amantes que han visto cosas que los santos no conocen. Hay amantes que han alcanzado centros que los yoguis desconocen. Pero, mientras no transformes tu amor en meditación, solo tendrás un atisbo. Tantra significa transformar el amor en meditación. Ahora entenderás por qué el tantra habla tanto acerca del amor y el sexo. ¿Por qué? Porque el amor es la puerta más directa y natural para trascender el mundo, para trascender la dimensión horizontal.

Observa los dibujos orientales del dios Shiva y su consorte, Devi. ¡Míralos! No parecen dos, son uno. La unidad es tan profunda que se ha convertido incluso en un símbolo. Todos hemos visto un *shivalinga*. Es un símbolo fálico –el órgano sexual de Shiva–, pero no está solo, se asienta en la vagina de Devi. Los hinduistas antiguos eran muy atrevidos. Cuando ves un *shivalinga* nunca piensas que sea un símbolo fálico. Nos hemos olvidado, hemos intentado olvidarlo completamente.

En su autobiografía, en sus memorias, Carl Jung hace alusión a un incidente muy gracioso y divertido. Cuando llegó a Konark, a visitar el templo, vio muchísimos *shivalingas*, símbolos fálicos. El sacerdote que les acompañaba en su visita les explicó todo, excepto los *shivalingas*. Y había tantos que era difícil eludirlos. Jung sabía perfectamente de qué se trataba, pero para gastarle una broma al sacerdote, insistió en preguntarle: «¿Qué es eso?». Finalmente, el sacerdote le susurró al oído: «No me lo pregunte aquí. Se lo diré más tarde. Es un asunto delicado».

Jung debió reírse por dentro pensando en los hindúes actuales. Cuando salieron del templo, el sacerdote se acercó y le dijo: «No está bien que me haga esa pregunta delante de los demás. Ahora puedo decírselo. Es un secreto». Y de nuevo le dijo a Jung al oído: «Son nuestras partes pudendas».

Cuando Jung regresó a Europa, conoció a un gran erudito, un estudioso de pensamiento oriental, mitología y filosofía,

Heinrich Zimmer, y le contó esta anécdota. Zimmer era una de las mentes mejor dotadas que hubiesen tratado de estudiar el pensamiento hindú, y era un amante de la India y de su forma de pensar, del enfoque oriental, no racional y místico de la vida. Cuando Jung le contó esta anécdota, se rió y dijo: «Esto cambia las cosas. Siempre he oído hablar de los hindúes destacados como Buda, Krishna, Mahavira. Lo que me cuentas dice algo de los hindúes en general, no de los más destacados».

El amor es la mayor puerta que existe. El tantra no considera que el sexo sea reprobable. Dice que el sexo es la semilla para que florezca el amor, si condenas la semilla, estarás condenando la flor. El sexo puede convertirse en amor. Si no lo hace, se quedará cojo. Puedes condenar el hecho de que se quede cojo, pero no condenes el sexo. El amor debe florecer, el sexo debe convertirse en amor. Si no se convierte en amor, no es por culpa del sexo, es por tu culpa.

El tantra dice que el sexo no debe quedarse limitado al sexo. Debe transformarse en amor. Y el amor no debe quedarse en amor. Debe transformarse en luz, en una experiencia meditativa, en la cima más elevada y alta del misticismo. ¿Cómo transformar el amor? Convirtiéndote en el acto y olvidándote del actor. Cuando ames, sé el amor, simplemente amor. Entonces no será tu amor ni el de nadie, será simplemente amor. Cuando tú no estás ahí sino en manos de la fuente última o corriente, cuando estás enamorado, no eres tú quien ama. Cuando el amor te embarga, desapareces; te conviertes en una energía que fluye.

Sabiéndolo o no, D.H. Lawrence, una de las mentes más creativas de esta época, era un adepto del tantra. Fue completamente censurado en Occidente y se prohibieron sus libros. Hubo muchas demandas por sus palabras porque dijo: «La energía sexual es la única que existe, y al condenarla y reprimirla, vas contra del universo. Nunca podrás conocer el florecimiento más grande de esta energía. Cuando se reprime, se vuelve horrible, se convierte en un círculo vicioso».

Los sacerdotes, los moralistas y la gente supuestamente religiosa siempre condenan el sexo. Dicen que es algo feo. Y al reprimirlo realmente se vuelve horrible. Entonces dicen: «¡Ves! Es verdad lo que decíamos. Tú lo estás demostrando. ¡Fíjate! Lo que haces es horrible y lo sabes». Pero no es que el sexo sea horrible, sino que los sacerdotes lo hacen horrible. Y después de hacerlo, señalan que han probado que tenían razón. Cuando se demuestra que tenían razón, tú lo conviertes en algo cada vez más horrible.

El sexo es una energía inocente, es la vida que fluye en tu interior, es la existencia que te da vida. ¡No lo limites! Permite que se mueva hacia las alturas. Es decir, el sexo debe convertirse en amor. ¿Qué diferencia hay? Cuando tu pensamiento es sexual, estás aprovechándote del otro; es un instrumento de usar y tirar. Cuando el sexo se convierte en amor, el otro ya no es un instrumento, no quieres aprovecharte de él; realmente, el otro no es el otro. Cuando amas, no estás centrado en ti mismo. Al contrario, el otro se vuelve importante, se vuelve único.

No es que estés aprovechándote de él, al contrario, estáis unidos en una experiencia profunda. Sois compañeros de una experiencia profunda, no hay un explotador y un explotado. Los dos os estáis ayudando mutuamente a entrar en un mundo diferente del amor. El sexo es explotación. El amor es entrar juntos en otro mundo.

Si este cambio no es momentáneo y es meditativo –es decir, si puedes olvidarte completamente de ti mismo de modo que desaparezca el amante y el amado, y solo haya amor–, el tantra afirma que la vida eterna será tuya.

Parte IV:
Meditaciones para la vida diaria

Una de las falacias del pasado es esta: puedes meditar veinte minutos, o tres veces al día, o cinco veces al día, pero la idea básica es que deberías dedicarle a la meditación unos minutos al día. ¿Y qué harás las veintitrés horas y cuarenta minutos restantes? Obviamente algo que no es meditativo. Todo lo que hayas podido conseguir durante los veinte minutos se perderá a lo largo del día.

Yo quiero que tengáis otro enfoque de la meditación. Puedes aprender a meditar durante veinte o cuarenta minutos –una cosa es aprender–, pero luego tienes que practicar lo que has aprendido durante el resto del día. La meditación tiene que convertirse en el latido de tu corazón.

Natural y fácil

Siempre que tengas un rato, relaja el sistema respiratorio unos minutos, pero solo eso, no hace falta que relajes el resto del cuerpo. Cuando estés sentado en un tren, en un avión o en un coche, nadie se dará cuenta de que estás haciendo algo. Simplemente relaja tu respiración. Permite que funcione como lo hace naturalmente. Luego cierra los ojos y observa cómo sale y entra la respiración...

¡Sin concentrarte! Si te concentras es peor, porque todo se convierte en una molestia. Intentas concentrarte sentado en tu coche, pero el ruido del motor está interfiriendo, la persona que está sentada a tu lado te molesta...

Meditar no es concentrarse. Es estar atento. Simplemente relajarte y observar la respiración. Cuando observas, no excluyes nada. El sonido del coche está bien, acéptalo. El ruido del tráfico que circula está bien, forma parte de la vida. El pasajero que ronca a tu lado está bien. No excluyas nada.

La verdad no se puede evitar. Es mejor afrontarla, aceptarla, es mejor vivirla. Si empiezas a vivir una vida de verdad, auténtica, con tu rostro original, todos los problemas desaparecerán porque, cuando dejas de estar dividido, el conflicto cesa. Tu voz tiene unidad, todo tu ser se vuelve una orquesta. Actualmente cuando dices algo, tu cuerpo expresa otra cosa; cuando tus labios dicen algo, tus ojos al mismo tiempo dicen otra cosa.

Cuando viene alguien, a menudo le pregunto: «¿Cómo estás?». Y dice: «Bien, muy bien». Pero yo no les creo porque su cara está apagada, ¡no refleja alegría ni felicidad! Sus ojos no brillan, no tienen luz. Y cuando dicen «estamos contentos», la palabra *contento* no refleja felicidad. Es como si la estuviesen sacando a la fuerza. El tono, la voz, el rostro, la forma de sentarse o de estar de pie, todo desdice su afirmación, expresa otra cosa.

Empieza a observar a la gente. Cuando dicen que están contentos, obsérvalos. Busca una pista. ¿Realmente se sienten felices? E inmediatamente verás que alguna parte de su cuerpo manifiesta lo contrario. Luego, paulatinamente, obsérvate a ti mismo. Si dices que estás contento y no lo estás, tu respiración se alterará. No puede ser natural. Es imposible. Porque lo cierto es que no estás contento. Si hubieses dicho «Me siento infeliz», la respiración habría seguido siendo natural. No habría conflicto. Pero al decir «Me siento feliz» estás reprimiéndote. Y al hacer este esfuerzo tu respiración cambia de ritmo; deja de ser rítmica. Tu cara ya no es atractiva, tu mirada se vuelve falsa.

Observa primero a los demás, esto te facilitará las cosas porque puedes ser más objetivo con ellos. Y cuando hayas encontrado algunas pistas en ellos, aplícatelas a ti mismo. Te darás cuenta de que cuando dices la verdad tu voz tiene una musicalidad; pero cuando no dices la verdad se aprecia una nota discordante. Cuando dices la verdad, eres uno, estás unido; cuando no dices la verdad, estás separado y surge un conflicto. Observa estos fenómenos sutiles, porque son una consecuencia de la unidad o la separación.

Cuando estás unido, y no hay divisiones; cuando eres uno, cuando estás en armonía, verás que eres feliz. Este es el significado de la palabra *yoga*. Yogi significa aquel que está unido, en armonía; aquel cuyas partes se interrelacionan y no se contradicen; son interdependientes, no entran en conflicto, están en paz unas con otras. Dentro de su ser hay una gran amistad. Está completo.

Hay ocasiones y momentos especiales en los que eres uno. Cuando observas el océano, su inmensa ferocidad, de repente olvidas tu división, tu esquizofrenia, y te relajas. O cuando vas al Himalaya y ves las nieves eternas en sus cumbres, tienes una sensación de calma y no tienes que ser falso porque no hay más seres humanos a los que mentir. Desaparece la división. Cuando estás oyendo una música maravillosa, desaparece la división. Siempre que eres uno, en cualquier situación, estás rodeado de paz, felicidad, y éxtasis. Te sientes pleno.

No es necesario esperar estos momentos, estos momentos pueden convertirse en tu vida normal. Estos momentos extraordinarios pueden ser lo normal, y esto es lo que pretende el zen.

Puedes vivir una vida extraordinaria viviendo una vida ordinaria: cortando leña o haciendo la colada puedes disfrutar perfectamente, porque la cuestión consiste en hacer los actos con totalidad, disfrutando, deleitándote.

——

La clave está en la respiración

Observa a un niño; su forma de respirar es la correcta. Cuando los niños respiran, el pecho no se altera. La barriga sube y baja. El niño respira desde la barriga. Todos los niños tienen una barriguita prominente; eso se debe a su respiración y a que tienen una reserva de energía.

Es la forma correcta de respirar. Recuerda que no debes usar demasiado el pecho; solo en contadas ocasiones, en momentos de emergencia. Si estás corriendo para salvar la vida, puedes usar el pecho. Es un recurso de emergencia. Puedes usar una respiración rápida y superficial, y correr. Pero normalmente no habría que usar el pecho. Recuerda que solo debes usarlo en situaciones de emergencia, porque en estas situaciones es difícil respirar con naturalidad. Si lo haces, seguirás relajado y tranquilo y eso no te permitirá correr ni pelear; estarás tranquilo y sereno como un buda. Pero si hay una emergencia –por ejemplo, si tu casa está en llamas– y respiras naturalmente, no podrás salvar nada. O si estás en la jungla y se abalanza un tigre sobre ti, y sigues respirando normalmente, no te alterarás; es como si dijeras: «De acuerdo, que haga lo que quiera». No podrás protegerte.

La naturaleza te proporciona un sistema de emergencia: el pecho. Si te ataca un tigre, dejas de respirar con normalidad y tienes que respirar en el pecho. Ante una situación de emergencia, solo tienes dos alternativas: huir o luchar. Para ambas situaciones necesitas mucha energía, una respiración superficial pero alterada, un estado de tensión.

Si normalmente respiras en el pecho, habrá tensiones en tu mente. Si lo haces constantemente, siempre tendrás miedo. Porque solo se respira en el pecho en las situaciones de miedo. Si lo conviertes en un hábito, siempre estarás asustado, siempre estarás listo para pelear. Aunque no haya ningún enemigo, pero tú te lo imaginas. Así surgen las paranoias.

En Occidente muy poca gente se ha percatado de este fenómeno, como Alexander Lowen y otras personas que trabajan con la bioenergética. Se han dado cuenta de que cuando la gente tiene miedo, su pecho está en tensión y su respiración es corta y superficial. Si consiguen que su respiración sea más profunda de modo que llegue a la barriga, al centro del *hara*, desaparecerá el miedo. Ida Rolf ha creado uno de los métodos más interesantes, el *rolfing*, para cambiar la estructura interna del cuerpo. Cuando llevas muchos años respirando mal, desarrollas una musculatura que te impide respirar profundamente. Aunque te acuerdes de respirar profundamente durante unos segundos, en cuanto vuelvas a estar atareado, volverás a respirar de manera superficial en el pecho. Para que desaparezcan el miedo y la tensión, hay que cambiar esa musculatura.

Observa cómo respira un niño –esa es la forma normal de respirar– y hazlo como él. Deja que tu barriga suba al inhalar y baje después al exhalar. Conviértelo en un ritmo que sea casi la música de tu energía, un baile con ritmo, con armonía, y te producirá tanta relajación, sentirás vida y una vitalidad que jamás habrías imaginado que fueran posibles.

Atención relajada

En el *Vigyan Bhairav Tantra*, Shiva propone el siguiente ejercicio de meditación:

En cualquier punto que se detenga tu atención, experimenta.

En este ejercicio, primero tienes que desarrollar la atención. Hay que desarrollar una actitud que implique estar atento. Este ejercicio solo puede hacerse así, y de ese modo podrás experimentar aquello que señala tu atención, podrás experimentarte a ti mismo. Puedes experimentarte a ti mismo simplemente mirando una flor. Cuando miras una flor de esa forma, no estás mirando simplemente la flor, sino también al que mira, pero, para ello, tienes que conocer el secreto de la atención.

Puedes estar viendo la flor y pensar que la estás mirando, pero has empezado a *pensar* en la flor y te la has perdido. Ya no estás aquí, estás en otro sitio, te has ido. La atención significa que cuando miras la flor no estás mirando ni haciendo nada más, la mente se detiene, no hay pensamientos y solo experimentas la flor que está ahí. Tú estás aquí y la flor también, y entre los dos no hay ningún pensamiento.

Si puedes hacerlo, verás que, de repente, la atención que pusiste en la flor rebota y vuelve hacia ti. Se cierra en un círculo. Cuando miras la flor, la mirada vuelve a ti. La flor lo refleja, lo rebota. Esto ocurre cuando no hay pensamientos. No estás mirando solo la flor, estás mirando también al que mira. El que mira y la flor son dos objetos, y tú te has convertido en un testigo de ambos.

Pero para ello tienes que adiestrar a tu atención, porque no estás atento en absoluto. Tu atención es intermitente, va de un sitio a otro, de una cosa a otra. No estás atento ni un solo instante. Ni siquiera cuando te hablo estás escuchando mis palabras. Oyes una palabra y luego tu atención se va a otro sitio; cuando vuelves, oyes otra palabra y tu atención se vuelve a ir. Oyes algunas palabras, rellenas los intervalos, y crees que me has oído. Lo que entiendas es cosa tuya, es tu propia invención. Solo has oído unas palabras y el resto lo has añadido tú, ¡pero eso puede cambiar todo el significado! Yo digo una palabra y tú empiezas a pensar en ella. No puedes quedarte callado.

Si estuvieras callado mientras hablo, estarías más atento.

Estar atento es estar tranquilamente alerta sin que interfieran los pensamientos. Ejercítalo. Solo puedes hacerlo al practicarlo, no hay ninguna otra forma. Si lo haces más a menudo, desarrollarás la capacidad. Trata de practicarlo en cualquier momento, en cualquier lugar.

Cuando vas en coche o en tren, ¿qué haces? Aprovecha el tiempo e intenta desarrollar tu atención. Estarás sentado media hora en el tren, aprovéchala para desarrollar la atención. Estando simplemente ahí, sin pensar. Cuando mires a alguien, cuando mires al tren o mires fuera, conviértete en la *mirada*, no pienses nada. Deja de pensar. Quédate ahí y mira. Tu mirada será directa, penetrante, y se reflejará desde todos los lugares que mires, tomarás conciencia del que mira.

No eres consciente de ti mismo porque hay un muro. Cuando miras una flor, antes que nada, tus pensamientos transforman tu mirada y la colorean a su manera. Luego esa mirada va a la flor. Pero cuando regresa, tus pensamientos vuelven a colorearla. Y cuando vuelve, nunca te encuentra. Estás en otro sitio, ya no estás ahí.

Todas las miradas vuelven; todo se refleja, todo recibe una respuesta, pero tú no estás ahí para recibirla. Quédate ahí para recibirla. Puedes practicar este ejercicio durante todo el día con muchas cosas, y poco a poco desarrollarás la atención. Con esa atención haz esto: experimenta el lugar sobre el que recae tu atención.

Después mira a cualquier sitio, simplemente mira. La atención se ha despertado y te experimentarás a ti mismo. Pero el primer requisito es tener la capacidad de estar atento. Es algo que puedes practicar. No necesitas un tiempo extra para hacerlo.

Siempre que estés haciendo algo –comer, bañarte, bajo la ducha–, estate atento. ¿Cuál es el problema? El problema es que hacemos las cosas con la mente y siempre estamos planeando hacia el futuro. Aunque estés viajando en un tren, tu mente estará preparando otros viajes, programándolos, planeándolos. Deja de hacerlo.

Un monje zen, Bokuju, dijo: «La única meditación que sé es esta. Cuando como, como. Cuando camino, camino. Cuando duermo, duermo. Todo lo que ocurre, ocurre. Y nunca interfiero».

Es lo único que hay que hacer: no interferir. Y dejar que ocurra lo que tenga que ocurrir; simplemente estando ahí. Eso te ayudará a estar atento. Y cuando logres estar atento, podrás valerte de esta técnica.

En cualquier punto que se detenga tu atención, experimenta.

De ese modo experimentarás al experimentador; la atención volverá a recaer en ti. Rebotará en ti de todas partes, se reflejará de todas partes. Toda la existencia te reflejará, y de esta manera podrás conocerte; antes no.

Hasta que toda la existencia se convierta en un espejo y te refleje, hasta que cada parte de la existencia te revele, hasta que cada relación te abra... Eres un fenómeno tan inmenso que un espejo normal no es suficiente. La existencia de tu interior es tan amplia que no puedes tener un atisbo de ella a menos que todo el universo sea tu espejo. Cuando toda el universo sea un espejo, podrás verte. La divinidad está en tu interior.

Y esta es la técnica para que la existencia se convierta en tu espejo: estar atento, estar más alerta, y cuando tu atención se enfoque en algo –donde sea, en cualquier objeto–, de repente, experimentarte. Es posible hacerlo, pero ahora mismo no puedes porque no cumples los requisitos básicos.

Puedes ver una flor, pero eso no significa estar atento. Das vueltas y vueltas en torno a la flor, acercándote a ella. Y mientras corres ves la flor, pero no paras ni un momento.

En cualquier punto que se detenga tu atención, experimenta. Recuérdate a ti mismo.

Hay una buena razón por la que este método puede ser muy útil. Si tiras una pelota contra un muro, rebotará. Cuando miras una flor de frente, mandas una energía; tu mirada es energía. No te das cuenta de que inviertes cierta energía en la mirada, consumes cierta energía. Desprendes una cierta cantidad de energía vital. Por eso es agotador estar todo el día en la calle, viendo pasar gente, los anuncios, la multitudes, las tiendas. Es agotador ver todas esas cosas, quieres cerrar los ojos y relajarte. ¿Qué ha ocurrido? ¿Por qué te has agotado? Porque estabas consumiendo energía.

Buda y Mahavira coincidían en que los monjes no debían mirar demasiado; debían concentrar su mirada en el suelo. Buda decía que solo se podía mirar a un metro de distancia. No había que mirar a ningún sitio, solo el camino por el que ibas. Bastaba con mirar un metro por delante, porque una vez recorrido ese metro volverías a tener otro metro por delante. Pero no había que mirar más lejos, para no malgastar la energía innecesariamente.

Al mirar, consumes una energía determinada. Espera, quédate quieto, permite que esa energía vuelva, y te sorprenderás.

Si dejas que vuelva, nunca te agotarás. Hazlo. Trata de hacerlo mañana mismo. Quédate quieto, mira algo. Quédate quieto, sin pensar en nada, y espera pacientemente un instante..., la energía volverá; de hecho, te sentirás revitalizado.

Cuando no hay pensamientos, la energía vuelve porque no hay ninguna barrera. Y si estás ahí la reabsorberás, y esto es algo que te rejuvenece. En lugar de sentir que tus ojos están agotados, los sentirás más relajados, más vitales, cargados de energía.

Ocupar tu espacio

Todo el mundo necesita un cierto espacio. Cuando alguien se apropia de nuestro espacio, sentimos que nuestra energía se encoge y empezamos a sentir pánico en nuestro interior.

Ese espacio cada día es más reducido. El mundo está demasiado abarrotado. Vayas donde vayas –en el tren, en el autobús, en el teatro, en la calle, en las tiendas, en los restaurantes, en el instituto, en los colegios–, hay una inmensa multitud y el espacio necesario para el desarrollo del ser humano ha desaparecido. Esto provoca mucho estrés al ser humano. Se llama el «síndrome del estrés» y ahora es prácticamente normal.

Todo el mundo está estresado, pero la gente no es consciente de ello. El estrés es el origen de muchas enfermedades internas, especialmente de las enfermedades relacionadas con la tensión.

Fíjate en las personas que viajan en tren hombro con hombro, aplastándose los unos a los otros, encogidos, rígidos, paralizados, sin moverse porque tienen miedo. Si se mueven, se mueve la energía, de modo que se quedan paralizados y como muertos para no sentir la energía del otro. Y de esta forma el cuerpo está cada vez más muerto e insensible.

Tienes que hacer algo al respecto, o empezará a causarte problemas. Si alguien esté bloqueado o siente los primeros síntomas de pánico, miedo y tensión, puede hacer este ejercicio. Exhala profundamente y echa todo el aire. Siente que el aire se lleva el estrés. Y luego inhala profundamente. Siente que el pecho y las vías respiratorias se abren al entrar el aire fresco. Es suficiente con hacer siete respiraciones y, de repente, verás que el problema ha desaparecido.

Lo más importante es sentir que eliminas todo el estrés al expulsar el aire.

Con la respiración puedes invitar o expulsar muchas cosas. Es tu parte más vital. *Eres* tú. Cuando haces algo con la respiración, te lo haces a ti mismo.

Comer conscientemente

Cuando comes, lo haces inconscientemente, automáticamente, como un robot. Si no vives y experimentas el sabor, estás atiborrándote. Ve despacio y siente el sabor de las cosas. No las tragues de una vez. Saboréalas despacio y conviértete en el sabor. Si sientes dulzor, conviértete en él. Y luego siéntelo por todo el cuerpo, no solo en la boca o en la lengua, sino como ondas que se extienden por todo el cuerpo.

Cuando estés comiendo algo, siente el sabor y conviértete en él. Cuando no sientes el sabor, tus sentidos disminuyen. Cada vez tienes menos sensibilidad. Cuando tienes menos sensibilidad, no puedes sentir el cuerpo ni las emociones. Estás centrado en la cabeza.

Al beber agua, siente su frescor. Cierra los ojos, bébela despacio, saboréala. Siente el frescor y siente que te conviertes en él, porque el agua te lo está transmitiendo; se ha vuelto parte de tu cuerpo. Tu boca está en contacto, tu lengua está en contacto, transmiten el frescor. Deja que se transmita a todo tu cuerpo. Deja que las ondas se esparzan, y sentirás ese frescor en todo el cuerpo. Es una forma de aumentar tu sensibilidad y estar cada vez más vivo y satisfecho.

La sonrisa interior

Siempre que estés sentado sin nada que hacer, relaja la mandíbula inferior y deja que caiga, abriendo ligeramente la boca. Empieza a respirar por la boca, pero hazlo suavemente. Deja que el cuerpo respire para que sea superficial, y cada vez será más superficial. Cuando sientas que la respiración es muy ligera, la boca está abierta y la mandíbula relajada, todo tu cuerpo estará relajado.

En ese momento, empieza a sentir una sonrisa, pero no en la cara, sino en todo tu ser interior. No es una sonrisa que nazca en los labios, es una sonrisa existencial que se expande por dentro.

No hace falta sonreír con los labios, hazlo como si fuera la barriga la que sonríe. Es una sonrisa, no es una risa, de manera que es muy suave y delicada, frágil, como una pequeña rosa que se abre en el abdomen, dejando que difunda su fragancia por todo el cuerpo.

Cuando conozcas esta sonrisa, podrás estar contento las veinticuatro horas del día. Y cada vez que sientas la ausencia de esa felicidad, cierra los ojos y busca otra vez esa sonrisa, porque estará ahí. Puedes hacerlo todas las veces que quieras a lo largo del día. Siempre está ahí.

Levántate con el sol

Quince minutos antes de la salida del sol, cuando empieza a haber más luz en el cielo, espera y mira como si esperases a tu novia: muy alerta, aguardando, esperanzado y emocionado, pero en silencio. Cuando salga el sol, sigue mirando. No hace falta que mires fijamente, puedes parpadear. Siente que en tu interior también nace algo al mismo tiempo.

Cuando el sol salga por el horizonte, empieza a sentir que está a la altura del ombligo. Sale por el horizonte y al mismo tiempo sientes que va subiendo lentamente desde el ombligo. Es suficiente con diez minutos. Después cierra los ojos. Al ver el sol por primera vez con los ojos abiertos se crea un negativo de la imagen, y al cerrar los ojos, ves el sol brillar dentro.

Esto te transformará enormemente.

Decir sí

Lo más habitual es decir «no». ¿Por qué? Porque cuando dices que no te sientes importante. La madre se siente importante porque puede decir que no. Cuando le niega algo al niño, el ego del niño se siente herido y el de la madre está satisfecho. El «no» es algo que satisface al ego, por eso aprendemos a decir que no.

Por donde quiera que vayas siempre encontrarás a gente que dice «no», porque es una forma de imponer tu autoridad; sentir que eres *alguien*, por eso puedes decir que no. Decir «Sí, señor» te hace sentir inferior; te sientes como si estuvieses subordinado a alguien, como si no fueras nadie. Solo así puedes decir «Sí, señor».

El sí es positivo, y el no es negativo.

Recuerda que el no satisface al ego; el sí es el método para descubrir tu ser. El no refuerza al ego; el sí lo destruye.

Primero descubre si eres capaz de decir que sí. Si no eres capaz, si no puedes hacerlo, en ese caso di que no.

El sistema que usamos habitualmente es decir que no; si es imposible decir que no, entonces decimos que sí con aire de derrota.

Intenta hacerlo algún día. Comprométete las veinticuatro horas del día a decir que sí en cualquier situación. Y comprueba lo relajante que es. ¡En cosas normales! El niño quiere ir al cine. Lo *hará*; tu «no» no significa nada. Al contrario, es una invitación, es una provocación, porque al fortalecer tu ego, el niño también quiere fortalecer el suyo. Intenta enfrentarse a tu no, y sabe lo que tiene que hacer para que se convierta en un sí, sabe transformarlo. Solo necesita hacer un pequeño esfuerzo, insistir un poco, para que tu no se convierta en un sí.

Trata de empezar con un sí durante veinticuatro horas. Te resultará difícil ¡porque el no es lo primero que sale automáticamente! Se ha convertido en una costumbre. No lo hagas y di que sí, y luego comprueba cómo te relajas.

Deja a un lado la inquietud

Todas las noches, siéntate en una silla y deja caer tu cabeza hacia atrás, relajado y tranquilo. Puedes usar una almohada para estar más cómodo y que no haya tensión en el cuello. Después relaja la mandíbula inferior –déjala caer de forma que la boca se abra un poco– y empieza a respirar por la boca, no por la nariz. No hay que cambiar la respiración, debe seguir siendo normal, como hasta ese momento. Al principio, las primeras respiraciones son desiguales. Pero luego se calman y es una respiración muy superficial. El aire entra y sale con suavidad; esto es lo correcto. Mantén la boca abierta, los ojos cerrados, y descansa.

Luego empieza a sentir que las piernas están sueltas, como si pudieran quitártelas, como si las articulaciones estuvieran sueltas. Siente como si te las quitaran –se han soltado– y piensa que solo eres el tronco superior sin piernas.

Luego los brazos; imagínate que los brazos están sueltos y te los quitan. Incluso puedes oír un *clic* cuando los separan. Ya no eres tus brazos porque están muertos, te los han quitado. Solo te queda el tronco.

Ahora piensa en la cabeza, piensa que te la quitan; te están descabezando y la cabeza está separada. Déjala suelta, que vaya a donde quiera –derecha o izquierda– y que haga lo que quiera; te la han quitado.

Ya solo te queda el tronco. Siente que solo eres esto, el pecho y el estómago, nada más.

Hazlo durante cinco minutos y después vete a dormir. Tienes que hacerlo justo antes de dormir. Y practícalo durante al menos tres semanas.

El nerviosismo desaparecerá. Cuando separas las partes y solo queda lo esencial, tu energía se queda en la parte esencial. Esta parte se relaja y la energía empieza a fluir por las piernas, los brazos y la cabeza, pero de una manera más equilibrada.

Estar en contacto con tu corazón

Sentir es vivir de verdad. El pensamiento es engañoso, porque siempre pensamos *sobre* algo, nunca es auténtico. Lo que te emborracha no es pensar en el vino, es el vino. Puedes pensar en el vino todo lo que quieras, pero no te vas a emborrachar. Tendrás que beber, y el hecho de beber es una sensación.

Pensar es una pseudoactividad, es una actividad secundaria. Te da la falsa sensación de que ocurre algo, pero no ocurre nada. Tenemos que pasar de pensar a sentir, y la mejor manera de empezar es respirar en el corazón.

A lo largo del día, siempre que te acuerdes, toma aire. Siente cómo llega al centro del pecho. Siente que toda la existencia se vierte dentro de ti, en el lugar donde está tu corazón. El lugar varía según las personas, pero normalmente está a la derecha. No tiene nada que ver con el corazón físico. Es algo completamente distinto; forma parte del cuerpo sutil.

Respira profundamente, y siempre que lo hagas, repítelo al menos cinco veces. Toma aire y llena el corazón. Siente que la existencia se esparce en el centro a través del corazón. Siente la vitalidad, la vida, la divinidad, la naturaleza, siente que todo esto se difunde en tu interior.

Luego exhala profundamente, desde el corazón, y siente que estás devolviendo a la existencia y a la divinidad todo lo que has recibido.

Puedes hacerlo muchas veces al día, pero siempre que lo hagas, repítelo cinco veces. Eso te permitirá bajar de la cabeza al corazón.

Te volverás más sensible y cada vez más consciente de las cosas que antes no eras consciente. Mejorará tu olfato, tu gusto, tu tacto. Verás mejor, oirás mejor; todo será más intenso.

Cuando bajas de la cabeza al corazón, todos tus sentidos se intensifican. Realmente sentirás que palpitas porque estás lleno de vida y dispuesto a saltar y a fluir.

El ejercicio de ¡stop!

Empieza a hacer este sencillo ejercicio al menos seis veces al día. Solo te llevará medio minuto cada vez, lo que significa tres minutos al día. ¡Es la meditación más breve del mundo! Pero la cuestión es que tienes que hacerla de forma repentina.

Si vas por la calle y te acuerdas, repentinamente, haz un alto, detente completamente, sin moverte. Quédate presente medio minuto. En cualquier situación, quédate quieto y presenciando lo que ocurre. Tienes que hacerlo de repente. Luego puedes empezar a moverte otra vez. Hazlo seis veces al día. Puedes hacerlo más veces, pero no menos; esto conlleva una gran apertura.

Cuando estas presente repentinamente, la energía cambia. Se rompe la continuidad que había en la mente. Y es tan súbito que a la mente no le da tiempo a pensar tan rápido. Necesita tiempo; la mente es estúpida.

Cada vez que te acuerdes, estés donde estés, dale una sacudida a tu ser y párate. Y no solo tú serás consciente de esto. Pronto verás que los demás también son conscientes de tu energía, saben que ha ocurrido algo; recibes algo de lo desconocido.

Salir de la caja

¿Estás triste? Baila, métete en la ducha y siente cómo desaparece la tristeza a medida que la temperatura del cuerpo disminuye. Siente cómo el agua de la ducha elimina la tristeza del mismo modo que elimina la transpiración o el polvo de tu cuerpo. Observa lo que ocurre.

Pon a la mente en una situación en la que no pueda reaccionar de la forma acostumbrada.

Todo se puede usar. De hecho, todas las técnicas que se han desarrollado desde hace siglos no son más que maneras de distraer a la mente de los viejos patrones. Por ejemplo, si estás enfadado, respira profundamente varias veces. Inhala y exhala profundamente durante dos minutos, y luego busca tu enfado. Has engañado a la mente; no puede relacionarse con las dos cosas a la vez. «¿Desde cuándo –dice la mente– ha habido alguien que respire profundamente cuando está enfadado? ¿Qué ocurre?»

Haz algo, pero no lo repitas, esta es la cuestión. De lo contrario, si cada vez que estás triste tomas una ducha, la mente se habituará a ello. Y al cabo de tres o cuatro veces, lo habrá aprendido: «De acuerdo. Estás triste; por eso te estás dando una ducha». Y se convierte en una parte integrante de tu tristeza. No, nunca lo repitas. Sigue engañando a la mente cada vez. Sé innovador, imaginativo.

Tu pareja dice algo y te enfadas. Normalmente, cuando ocurre esto te gustaría pegarle o tirarle algo. Esta vez, cambia; ¡dale un abrazo! ¡Dale un enorme beso y déjalo sorprendido! Tu mente se sorprenderá y tu pareja también. Las cosas ya no son iguales. Entonces te darás cuenta de que la mente es un mecanismo; cuando hay algo nuevo, no puede reaccionar, no sabe qué hacer.

Abre la ventana y deja que entre la brisa fresca.

Simplemente escuchar

En la escucha participan el cuerpo y el alma. Y por eso se ha usado como un potente método de meditación..., porque tiende un puente entre dos infinitos: la materia y el espíritu.

Cuando estés sentado, escucha lo que ocurre a tu alrededor. Hay un mercado con mucho ruido y tráfico; puedes oír un tren y un avión. Escucha sin pensar que hay mucho ruido. Escucha como si escuchases música, con aprobación, y verás que cambia la cualidad de la música. Ya no te distrae ni te molesta; al contrario, es muy tranquilizador. Si lo escuchas adecuadamente, hasta el mercado puede convertirse en una melodía.

No importa lo que escuchemos, lo importante es que estás escuchando, no solamente oyendo.

Aunque estés escuchando algo que nunca te ha parecido que valiera la pena, hazlo con alegría, como si estuvieses escuchando una sonata de Beethoven, y en un instante habrás transformado su valor. Se convertirá en algo bonito.

La columna de energía

Cuando estás de pie tranquilamente, de pronto sientes un cierto silencio. Trata de hacerlo en un rincón de tu cuarto. Quédate tranquilamente de pie en el rincón, sin hacer nada. La energía también se pondrá de pie. Cuando te sientas, hay muchas interferencias porque la mente piensa que es la postura del pensador; cuando estás de pie, la energía fluye como una columna y se distribuye por igual en cualquier parte del cuerpo. Estar de pie es maravilloso.

Intentadlo, para algunos de vosotros será realmente muy bueno. Si puedes mantenerte así una hora, mejor. De pie sin hacer nada, sin moverte, te darás cuenta de que algo en tu interior se tranquiliza y se queda quieto, estás centrado y sientes como si fueses una columna de energía. El cuerpo desaparece.

Desplomarse en el silencio

Siempre que tengas tiempo, desplómate en el silencio, sí, es exactamente lo que quiero decir, desplómate, como si fueses un niño en el vientre de tu madre.

Siéntate de rodillas en el suelo, poco a poco, sentirás que necesitas apoyar la cabeza en el suelo y hazlo. Ponte en postura fetal, como un niño enroscado en el útero. Inmediatamente empezarás a sentir el silencio, el mismo silencio que había en el útero.

Si estás en la cama, tápate con la manta y enróscate. Quédate ahí... completamente quieto, sin hacer nada. Tendrás algún pensamiento, pero déjalo pasar, hazte el indiferente, no te impliques. Si hay algún pensamiento, bien; si no lo hay, también. No luches ni trates de suprimirlos. Si lo haces, te desestabilizarán. Si tratas de evitarlos, se volverán persistentes; si no los quieres, se resistirán a irse.

Permanece como si no estuvieran; déjalos que estén en la periferia, como el ruido del tráfico.

Realmente, es el ruido del tráfico, es el ruido del tráfico de millones de células del cerebro comunicándose entre sí, de la energía que se mueve y la electricidad que pasa de un célula a otra. Es el zumbido de una enorme máquina, permite que esté ahí. Vuélvete indiferente a él, no te concierne; no es tu problema, puede que sea el problema de otra persona, pero no el tuyo. ¿Qué tienes tú que ver con todo eso? Y te sorprenderás; al cabo de unos minutos el ruido desaparecerá, no lo oirás, estarás solo. Y en esa soledad encontrarás el silencio. En postura fetal, como estabas en el útero de tu madre, no hay mucho espacio y tienes que enroscarte, hace frío y te tapas con la manta. Será un útero perfecto, caliente y oscuro, y te sentirás, muy, muy pequeño. Esto te proporcionará una gran percepción de tu ser.

Disfrutar del drama

El mundo es como una obra de teatro, no lo tomes demasiado en serio. La seriedad es el origen de los problemas, te trae problemas. No te lo creas. No es serio; el mundo es una película. Si puedes ver el mundo como una película, recuperarás la conciencia original.

El polvo se acumula debido a tu seriedad. Esa seriedad es el origen de los problemas, somos tan serios que acumulamos polvo, a pesar de que solo estemos viendo una película. Puedes ir al cine y observar a los espectadores. No mires la pantalla y olvídate de la película; fíjate en los espectadores del cine sin mirar la pantalla. Unos están sollozando y las lágrimas ruedan por sus mejillas, otros están riéndose, otros se excitan sexualmente. Observa a la gente. ¿Qué hacen? ¿Qué les ocurre? Y en la pantalla no hay nada, solo hay imágenes, imágenes de luces y sombras.

La pantalla está vacía. ¿Por qué se emocionan? Lloran y gimen, se ríen. La imagen no es simplemente una imagen, la película no es solo una película. Han olvidado que solo se trata de una historia y se lo han creído. Ha cobrado realidad, ¡tiene vida!

Y esto es lo que ocurre en todas partes, no solo en el cine. Fíjate en la vida que te rodea. ¿Qué es? En la Tierra han vivido muchas personas. En el mismo sitio que estás sentado tú ahora se han enterrado como mínimo diez cuerpos, y también eran muy serios, como tú. Ahora ya no existen. ¿Adónde ha ido su vida? ¿Adónde han ido todos sus problemas? Estaban peleando por un centímetro de tierra, y la tierra sigue aquí, pero ellos no.

No estoy diciendo que sus problemas no fueran reales. Sí lo eran, igual que los tuyos. Eran asuntos muy serios, asuntos de vida o muerte. Pero ¿dónde están esos problemas ahora? Si toda la humanidad desapareciese un día, la Tierra seguiría existiendo, los árboles seguirían creciendo, los ríos seguirían fluyendo y saldría el sol; la Tierra no notaría la ausencia de la humanidad ni se preguntaría por ello.

Mira toda la trayectoria; mira hacia atrás y mira hacia delante, observa todas las dimensiones en las que estás, observa tu vida. Parece un largo sueño, y todo lo que en este momento parece tan importante es irrelevante en el siguiente. Es posible que ni lo recuerdes. Acuérdate de lo importante que fue tu primer amor. Dabas la vida por él. Ahora no te acuerdas en absoluto, lo has olvidado. Y tarde o temprano olvidarás todo aquello que te parece fundamental en tu vida ahora.

La vida es un fluir, todo pasa. Es como una imagen en movimiento, una cosa se convierte en otra. Sin embargo, en el momento que ocurre parece serio y te altera.

En la India decimos que el mundo no es una creación de Dios, sino una obra de teatro, un juego, *leela*. El concepto de *leela* es maravilloso, porque le quita seriedad a la vida. El Dios cristiano y el Dios judío son muy serios. Por desobedecer una sola vez, Adán fue expulsado del Jardín del Edén; y no solo le expulsaron a él, sino a toda la humanidad por su culpa. Era nuestro padre, y estamos sufriendo por él. Dios parece una persona muy seria, es mejor no desobedecerlo porque se vengará de ti.

¡Y esta venganza no acaba nunca! El pecado no parecía tan grave. En realidad, Adán cometió ese pecado por la insensatez de Dios. Dios Padre le dijo: «No te acerques a ese árbol, al árbol del bien y del mal, ni comas sus frutos».

Esta prohibición se convirtió en una invitación, es psicológico. En ese gran jardín, el único árbol que le atraía era el árbol del bien y del mal. Estaba prohibido. Cualquier psicólogo te diría que Dios cometió un error. Si no podía comer el fruto de ese árbol, habría sido mejor no mencionarlo. Adán nunca habría descubierto el árbol y la humanidad seguiría estando en el Jardín del Edén.

Pero, provocó el problema al decir «no comas»; el origen del problema fue ese «no». Adán fue expulsado del paraíso por desobedecer la orden, y esta venganza se ha prolongado mucho tiempo. Los cristianos dicen que Jesús murió en la cruz para redimirnos, para redimirnos del pecado cometido por Adán. La noción de la historia de los cristianos están basada en dos personas: Adán y Jesús. Adán cometió el pecado y Jesús sufrió y permitió su crucifixión para redimirnos del pecado. Sufrió para que el pecado de Adán fuera perdonado.

Pero no parece que Dios nos haya perdonado todavía. La humanidad sigue sufriendo, a pesar de la crucifixión de Jesús.

La misma idea de Dios padre es fea, muy seria.

La idea hinduista no es la de un creador. Dios solo juega, no es serio. Es un simple juego. Hay ciertas reglas, pero son las reglas del juego. No hay que tomárselas en serio. No hay pecados, sino errores; puedes sufrir por haber cometido un error, y no porque Dios te castigue. Si no sigues las reglas, sufres. Dios no te está castigando.

El concepto de *leela* le da un tono dramático a la vida; se convierte en un largo drama. Y la técnica está basada en este concepto: si eres infeliz, es porque te tomas la vida demasiado en serio.

No intentes buscar una forma de ser feliz. Simplemente cambia de actitud. No podrás ser feliz si tu mente es seria. Si tu mente es festiva, serás feliz. Tómate la vida como si fuese un mito, una historia. Efectivamente, lo es; si te lo tomas así, ya no estarás triste. La tristeza surge del exceso de seriedad.

Trata de hacerlo durante siete días; durante estos siete días piensa solo en una cosa: que la vida es una obra de teatro; no volverás a ser el mismo. ¡Solo tienes que hacerlo siete días! No perderás nada porque no tienes nada que perder. Inténtalo. Durante siete días tómatelo todo como si fuese una obra de teatro, un espectáculo. Estos sietes días te proporcionarán muchos atisbos de tu naturaleza búdica, de tu pureza interior. Cuando tengas un atisbo, no volverás a ser el mismo. Estarás feliz, pero no podrás concebir esta clase de felicidad porque nunca la has sentido, nunca has sentido la felicidad. Solo conoces diferentes grados de tristeza; en algunas ocasiones estás más triste y en otras menos, y llamas felicidad a estar menos triste. No sabes qué es la felicidad porque no puedes saberlo.

Si te tomas la vida demasiado en serio, no conocerás la felicidad. La felicidad solo puede surgir cuando sientes que tu actitud hacia la vida es un juego. Intenta hacer las cosas con una actitud festiva, de celebración, actuando, sin pretender hacerlo en serio. Si eres un marido, representa tu papel; si eres una esposa, representa tu papel. Conviértelo en un juego.

Hay reglas, por supuesto; para poder jugar es necesario que haya reglas. El matrimonio es una regla y el divorcio también, pero no las tomes en serio. Son simples reglas, y una regla exige otra regla. El divorcio es malo, pero el matrimonio también; ¡una regla impone otra regla! No las tomes en serio, y verás cómo cambia inmediatamente tu calidad de vida.

Vuelve a casa esta noche, y compórtate con tu marido y tus hijos como si estuvieses representando una obra de teatro, y verás lo maravilloso que es. Cuando representas un papel, intentas hacerlo lo mejor posible, pero no te afecta. No hace falta. Representas tu papel, y te vas a dormir. Pero recuerda que es un papel, y mantén la misma actitud durante siete días. Entonces te sentirás feliz, y cuando sepas qué es la felicidad, no tendrás la necesidad de pasar a la infelicidad, porque es tu propia decisión.

Si eres infeliz, es por haber escogido la actitud equivocada hacia la vida. Si escoges la actitud correcta, serás feliz. Buda presta mucha atención a la actitud correcta. Lo convierte en la base, el fundamento: «la actitud correcta». ¿Qué es la actitud correcta? ¿Cuál es el criterio? Para mí, este es el criterio: lo que te haga feliz es la actitud correcta, no hay un criterio objetivo. Una actitud que te hace infeliz y desdichado es un error. Es un criterio subjetivo; la felicidad es el criterio.

Cierra el círculo. La meditación del espejo

Tu conciencia fluye hacia fuera, es un hecho, no es una creencia. Cuando miras un objeto, tu conciencia se dirige hacia ese objeto.

Por ejemplo, ahora me estás mirando. Y te olvidas de ti, te enfocas en mí. Tu energía fluye hacia mí, tu mirada se dirige hacia mí. Esto es la extroversión. Ves una flor, te quedas prendado y te enfocas en la flor. Te distancias de ti y solo prestas atención a la belleza de la flor.

Lo sabemos porque nos ocurre todo el tiempo. Si pasa una mujer hermosa, tu energía súbitamente empieza a seguirla. Conocemos el flujo de la luz hacia fuera. Pero esto solo es la mitad de la historia. Cada vez que la luz fluye hacia fuera, tú te quedas en segundo plano, te olvidas de ti.

Para poder ser al mismo tiempo el sujeto y el objeto, de forma simultánea, para poder verte, la luz tiene que volver hacia ti. Entonces surge el autoconocimiento. Normalmente, solo vivimos medio camino, estamos medio vivos, medio muertos, esta es la situación. La luz va saliendo poco a poco, pero nunca regresa. Ves una cosa tras otra, siempre estás viendo cosas, pero la energía nunca regresa al que ve. De día ves el mundo y por la noche ves los sueños, pero siempre estás apegado a los objetos. Esto es derrochar la energía.

Según la experiencia taoísta, si aprendes la técnica secreta que hace que la energía que derrochas regrese a ti, conseguirás que esta energía se afiance en lugar de perderse. Es posible, y en esto consisten todos los métodos de concentración.

Un día, trata de hacer este experimento delante de un espejo. Mírate al espejo, mira tu cara, mírate a los ojos. Luego, durante un instante, invierte el proceso. Empieza a sentir que tu reflejo en el espejo te está observando –no eres tú quien mira el reflejo, sino que el reflejo te mira a ti– y tendrás una extraña sensación. Aunque las escrituras taoístas no lo mencionen, este experimento me parece lo más sencillo y fácil que puedes hacer. Solo tienes que ponerte delante del espejo en el cuarto baño y fijarte en tu reflejo: tú estás observando y el reflejo es el objeto. Esto es la extroversión: estás mirando el reflejo de la cara, de tu propia cara, por supuesto, pero es un objeto que está fuera de ti. Luego cambia la situación e invierte el proceso. Siente que tú eres el reflejo y el reflejo te está mirando. Inmediatamente notarás un cambio, notarás que recibes mucha energía. Si lo practicas durante unos minutos, te sentirás vivificado, y empezará a penetrarte algo con un poder inmenso. Podrías llegar a asustarte porque no lo conoces; nunca has sentido el círculo completo de la energía.

Al principio puede darte miedo porque nunca lo has hecho y no lo sabías; te parecerá una locura. Puedes sentir una sacudida o un temblor, o quizá estés desorientado porque hasta ahora tu orientación siempre ha sido la extroversión. La introversión debe aprenderse paulatinamente. Pero se cierra el círculo. Si lo haces varios días seguidos te sorprenderás porque te sentirás mucho más vital a lo largo del día. Para completar el círculo basta con estar unos minutos delante del espejo y permitir que vuelva la energía. Cuando se cierra el círculo, sientes un profundo silencio. Cuando el círculo está incompleto, sientes inquietud. Cuando el círculo se cierra, sientes paz, estás centrado. Estar centrado es tener poder, es tu propio poder. Esto es un simple experimento, pero puedes hacerlo de muchas maneras.

Observa una rosa, mira la flor unos minutos y luego invierte el proceso de modo que la rosa te mire a ti. Te admirarás por la cantidad de energía que puedes recibir de una rosa. Y esto mismo puedes hacerlo con los árboles, las estrellas o la gente. La mejor forma de hacerlo es con la persona que amas. Miraos mutuamente a los ojos. Empieza por mirar al otro y luego siente que el otro te devuelve la energía; el regalo vuelve a ti. Te sentirás regenerado, como si te hubieses rociado, bañado o empapado con una energía nueva. Saldrás rejuvenecido, recuperado.

Baja de la cabeza al corazón

Intenta prescindir de tu cabeza. Imagínate que no tienes cabeza y muévete así. Aunque te parezca absurdo, es uno de los mejores ejercicios. Inténtalo para que puedas comprobarlo. Camina como si no tuvieses cabeza. Al principio, solo será «como si». Te parecerá extraño. Sentir que no tienes cabeza será una sensación muy rara y extraña. Pero irás asentándote gradualmente en el corazón.

Hay una ley... Seguramente habrás comprobado que los ciegos tienen el oído más desarrollado, tienen un oído más musical. Las personas ciegas tienen el sentido musical más desarrollado que el resto de las personas. ¿Por qué? Porque la energía que habitualmente va a los ojos, en este caso no puede hacerlo y busca otro camino; va a los oídos.

Las personas ciegas tienen el sentido del tacto más desarrollado. Si te tocan, notarás la diferencia, porque normalmente una parte del sentido del tacto va a la vista; nos tocamos con los ojos. Un ciego, sin embargo, no puede hacerlo, de modo que la energía va a las manos. Los ciegos son más sensibles que los videntes. Aunque algunas veces no se cumpla, generalmente es así. Si un centro no funciona, la energía va a otro centro.

Intenta hacer este ejercicio de descabezamiento, y de improviso sentirás algo extraño: sentirás que es la primera vez que estás en el corazón. Camina descabezado. Siéntate a meditar, cierra los ojos, y siente que no tienes cabeza. Piensa: «Mi cabeza ha desaparecido». Al principio será «como si», pero luego realmente sentirás que no tienes cabeza. Cuando haya desaparecido tu cabeza, caerás inmediatamente en el corazón. Mirarás el mundo a través del corazón y no de la cabeza.

Cuando los occidentales llegaron la primera vez a Japón, no podían concebir que los japoneses tradicionalmente creyeran que pensamos con la barriga. Cuando le preguntas a un niño japonés –que no haya sido educado como un occidental–, «¿Dónde está tu pensamiento?», te señala la barriga.

Los japoneses han vivido sin cabeza a lo largo de siglos y siglos. Si te pregunto «¿Dónde tiene lugar el pensamiento?», te señalarás la cabeza, sin embargo, un japonés señalará la barriga. Este es uno de los motivos por el que la mente de los japoneses es más tranquila, sosegada y contenida.

Actualmente ha desaparecido esta concepción porque Occidente se ha adentrado en todas partes. Oriente ya no existe. Persiste en algunos individuos sueltos, como si fuesen islas, pero Oriente no existe. Oriente ha desaparecido, ahora todo el mundo es occidental.

Trata de descabezarte. Medita delante de tu espejo en el cuarto de baño. Mírate fijamente a los ojos y siente que miras desde el corazón. Lentamente, el centro del corazón empezará a funcionar. Cuando funciona el corazón, cambia toda tu personalidad, toda tu estructura, todo tu patrón, porque el corazón tiene su propio lenguaje.

En primer lugar intenta descabezarte. Y en segundo lugar sé más amoroso, porque el amor no puede actuar por medio de la cabeza. ¡Sé más cariñoso! Por eso cuando alguien se enamora pierde la cabeza. La gente dice que esa persona se ha vuelto loca. Si no te vuelves loco de amor, realmente no estás enamorado. Tienes que perder la cabeza. Si la cabeza sigue ahí sin alterarse, funcionando regularmente, no puede haber amor, porque para que haya amor es necesario que funcione el corazón, no la cabeza. Es una función del corazón.

Es frecuente que una persona muy racional al enamorarse se vuelva tonta. Él mismo se da cuenta de la estupidez y la bobada a la que se está entregando. ¿Qué está haciendo? Entonces separa su vida en dos partes. Crea una división. El corazón se convierte en un asunto silencioso, íntimo. Cuando sale de su casa, deja el corazón a un lado. En el mundo vive en la cabeza y solo baja al corazón cuando ama. Pero es muy difícil y normalmente no suele ocurrir.

Me estuve hospedando en casa de un amigo de Bombay, él era un oficial superior de policía. Su mujer me dijo:

—Tengo un problema que me gustaría contarte. ¿Puedes ayudarme?

—¿Cuál es ese problema? –le pregunté.

—Mi marido es amigo tuyo. Te quiere y te respeta mucho, si le dices algo, quizá puedas ayudarme –respondió.

—¿Qué quieres que le diga? –pregunté.

Y ella dijo:

—El problema es que hasta en la cama sigue siendo un oficial superior de policía. No tengo un amante, ni un amigo ni un marido. Es un oficial superior de policía las veinticuatro horas del día.

Bajarse del pedestal es difícil, muy difícil. Se convierte en una actitud fija. Si eres un hombre de negocios, en la cama seguirás siéndolo. Es muy difícil intentar alojar a dos personas en tu interior, y no es fácil cambiar completamente de patrón en cualquier momento, a tu antojo. Es difícil, pero cuando te enamoras tienes que bajar de la cabeza.

Para esta meditación tendrás que ser cada vez más amoroso. Y cuando digo más amoroso, me refiero a transformar las pautas de tu relación; deja que esté basada en el amor. No solo con tu mujer, tus hijos y tu amigo, sino con el resto de la vida misma. Mahavira y Buda solían hablar de la no violencia por este motivo. Simplemente para crear una actitud amorosa hacia la vida.

Cuando Mahavira se mueve o camina, lo hace conscientemente para no pisar ni una hormiga. ¿Por qué? En realidad, la hormiga no le preocupa. Pero le hace bajar de la mente al corazón. Está creando una actitud amorosa hacia la vida misma. Cuanto más bases tus relaciones en el amor –todas ellas–, mejor funcionará el centro de tu corazón. Empezará a funcionar; verás la vida con nuevos ojos, porque el corazón tiene su propia forma de ver la vida. La mente nunca podrá verla del mismo modo; para la mente esto es imposible. ¡La mente solo sabe analizar! El corazón sintetiza; la mente disecciona, divide; la mente es divisoria. Solo el corazón te da unidad.

Cuando miras con el corazón, el universo entero parece una unidad. Cuando llegas a él por medio de la mente, se vuelve atómico. No hay una unidad, sino un átomo tras otro. El corazón te da una experiencia de unidad, de unión, y la síntesis final es Dios. Si puedes ver por medio del corazón, el universo te parecerá uno. Esa unidad es Dios.

Por eso la ciencia nunca ha encontrado a Dios. Esto es imposible porque el método que aplica nunca podrá llegar a la unidad final. El método de la ciencia es la razón, el análisis, la división. La ciencia puede llegar a las moléculas, los átomos y los electrones. Los científicos dividen, pero nunca llegarán a la unidad orgánica de la totalidad. La totalidad no puede verse con la cabeza.

Sé más amoroso. Recuerda que todo lo que hagas debe tener un tinte de amor. Recuérdalo constantemente. Cuando camines por la hierba, siente que está viva. Cada brizna de hierba está tan viva como tú.

Expresa tu cariño. Hazlo con todas las cosas. Si te sientas en una silla, hazlo con cariño. Siéntela, muéstrale tu agradecimiento. La silla te permite estar cómodo. Siente su toque, ámalo, siente cariño por ella. La silla en sí no es importante. Si estás comiendo, hazlo con cariño.

Los hindúes dicen que los alimentos son divinos. Esto significa que, al comerlos, los alimentos te llenan de vida, energía y vitalidad. Debes estar agradecido y sentir cariño por ellos.

Normalmente, ingerimos nuestra comida violentamente, como si la estuviésemos matando en vez de asimilarla. O lo hacemos con indiferencia, para llenar el estómago y no sentir nada. Toca tus alimentos con cariño, con agradecimiento: te dan la vida. Tómalos, saboréalos, disfrútalos. No seas indiferente ni violento.

Nuestros dientes son muy agresivos debido a nuestro pasado animal. Los animales no tienen otras armas; las únicas armas que tienen son solo las uñas y los dientes. Los dientes realmente son un arma, la gente mata con los dientes, mata su comida. Por eso, cuanto más violento seas, más tendrás que comer.

Pero la comida no tiene límite, por eso fumas o masticas chicle. Eso también es violencia. Lo disfrutas porque estás matando algo entre los dientes, moliéndolo entre los dientes, y por eso te gusta el chicle. Esto también es violencia. Haz lo que tengas que hacer, pero hazlo con cariño. No lo hagas con indiferencia. De ese modo el centro de tu corazón empezará a funcionar y podrás llegar hasta su fondo.

Espacio aéreo para viajeros de negocios

No encontrarás mejor ocasión para meditar que volando a gran altura en un avión. Cuanto mayor sea la altura, más fácil será meditar. Este es el motivo por el que los meditadores siempre han ido al Himalaya buscando las grandes alturas. Cuando la gravedad es menor y el mundo está muy lejos, todas las atracciones que el mundo ofrece se alejan. Estás lejos de la sociedad corrupta creada por el ser humano. Estás rodeado de nubes y estrellas, la luna y el sol, y la inmensidad del espacio.

Haz una cosa: siéntete uno con esa inmensidad y hazlo en tres etapas.

La primera: piensa que estás aumentando de tamaño durante unos minutos, y pronto empezarás a sentir que eres más grande..., hasta llenar todo el espacio.

La segunda etapa: siente que sigues haciéndote cada vez más grande, incluso más grande que el avión, y el avión está en tu interior.

Y tercera etapa: siente que te expandes a todo el cielo. Las nubes que se mueven en la pantalla de tu radar, la luna y las estrellas, se mueven en tu interior; eres gigantesco, ilimitado.

Esta sensación se convertirá en tu meditación, y te sentirás completamente relajado, sin tensiones. Tu trabajo se convertirá en un juego de niños y no te estresará; ocurrirá por su propia cuenta. Cuando tu vuelo aterrice, estarás más descansado. Guarda silencio. Pídele a la gente que no te hable demasiado a menos que sea necesario. O puedes poner un cartel en el que se lea: «Estoy meditando», para que la gente no te moleste. ¡Es maravilloso..., no hay nada parecido!

De hecho, al principio –cuando se inventaron los aviones–, la emoción de volar era la emoción del cielo. Pero vamos perdiendo estas sensaciones porque se convierten en cosas habituales. Ahora la gente vuela casi todos los días, ¿quién se fija en el cielo y en los colores psicodélicos de las nubes, quién?

Empieza a mirar el cielo que te circunda y permite que tu cielo interno y el cielo exterior se encuentren.

Parte V:
Deshacer los nudos. Meditaciones Activas para encontrar la serenidad interior

No puedes sentarte en silencio porque en tu interior hay mucha agitación. Sí, desde fuera puedes parecer una estatua de mármol de Buda, pero ¿estás tranquilo en tu interior? El cuerpo puede aprender el truco para aparentar que está tranquilo, pero la mente no puede hacerlo tan fácilmente. De hecho, cuanto más obligues al cuerpo a estar quieto, más se rebelará la mente, y más tratará de sacarte de tu supuesta quietud. La mente aprovecha la ocasión y explota con venganza en tu interior, en forma de toda clase de pensamientos, deseos y fantasías. En tu mente empiezan a surgir todo tipo de cosas sin sentido, como si estuvieran esperando el momento; surgen cuando te sientas a meditar.

Antiguamente no era así. Los hombres primitivos no necesitaban hacer cursos de terapia; ¡toda su vida era una confrontación! Pero ahora cuando quieres pegarle a alguien, le dices hola, y cuando quieres matarlo, le sonríes. Y no solo estás engañando al otro, tú también crees que tu sonrisa es auténtica. Todo el mundo lleva una doble vida; una vida social, que es formal, y una vida privada, que es justo lo contrario.

Para volver a tu verdadero ser, dejar la dualidad, y darte cuenta por primera vez de quién eres, tienes que realizar algunos procesos. Tu moralidad y tu presunta religión solo te enseñan la dualidad, te conviertes en algo falso. No te permiten ser auténtico, te pulen, te educan, te civilizan. Te enseñan a ser bueno formalmente. Te dan un envoltorio fabuloso, pero no les interesa tu ser interno, que es tu verdadero yo.

He diseñado algunos métodos activos y caóticos solo para que puedas tener una percepción de tu verdadera infancia, cuando la sociedad aún no te había contaminado, polucionado ni envenenado; cuando todavía eras como al nacer, cuando eras natural.

¿Para qué sirve la catarsis?

El cuerpo y la mente funcionan a la vez. La mente es el aspecto interno del cuerpo, es un fenómeno natural, no tiene nada que ver con tu ser. Está formado de materia, igual que tu cuerpo, de manera que si le haces algo al cuerpo, esto afecta del mismo modo a tu mente. Por eso la gente ha usado diferentes posturas a lo largo de los tiempos, como sentarse en postura de loto, obligando al cuerpo a estar como una estatua, una estatua de mármol. Si obligas a tu cuerpo a quedarse totalmente quieto, tu mente sucumbirá a una especie de silencio, es un silencio falso, no es real. Has obligado al cuerpo a quedarse quieto por medio de una postura. Inténtalo: haz un gesto de enfado con los puños, con la cara, con los dientes; cuando te pones en una actitud de rabia te sorprenderás porque empezarás a sentir enfado. Esto es lo que hacen los actores, ponen el cuerpo en una postura y dejan que la mente vaya detrás.

A principios de siglo veinte, dos grandes psicólogos, James y Lange, descubrieron una teoría muy extraña. Se conoce como la teoría de James-Lange. Dijeron algo muy poco corriente, algo que va en contra del sentido común de todas las épocas. Habitualmente pensamos que un hombre asustado sale corriendo; empieza a correr cuando tiene miedo. James y Lange afirmaban que esto no era verdad..., al empezar a correr, le entra miedo.

Aunque parezca absurdo, en cierto modo, es verdad. La verdad del sentido común es una parte de la verdad, y esta es la otra mitad. Si empiezas a reír, te sentirás menos triste que antes. Cuando te sientas con tus amigos y ellos están riéndose y contando chistes, te olvidas de tu tristeza y tu desdicha. Empiezas a reírte y entonces te sientes bien. Empiezas por el cuerpo.

¡Inténtalo! Si estás triste, ponte a correr, da siete vueltas a la manzana respirando profundamente, en contacto con el sol y con el aire; al cabo de siete vueltas comprueba si tu mente está igual. No puede estarlo. El cambio físico ha modificado el estado mental.

La química del cuerpo modifica a la mente. Por eso existen las posturas del yoga, son posturas que obligan a la mente a comportarse de una forma determinada. No es auténtico silencio. El verdadero silencio sucede espontáneamente. Yo os sugiero no forzar el cuerpo. Es mejor bailar, cantar, moverse, correr, hacer footing o nadar. Hay que permitir que el cuerpo se pueda mover con todo tipo de movimientos para que esa variedad de movimientos se transmita a la mente, y por medio de esos movimientos internos la mente empieza una catarsis deshaciéndose te todo lo que la contamina.

Grita, enfádate, golpea la almohada, y te sorprenderás.., después de pegarte con la almohada te sentirás muy bien. La mente se habrá descargado. No importa que se trate de tu novio, tu marido o la almohada. Esta cumple la misma función que tu marido, porque el cuerpo no distingue a quién estás pegando. La mente descarga su rabia con la simple postura de golpear. La mente y el cuerpo colaboran el uno con el otro.

Empieza por la catarsis para eliminar todo lo que se ha ido acumulando desde tu niñez. Estabas enfadado pero no podías expresarlo porque tu madre se ponía furiosa si te enfadabas, de modo que te reprimías. Estabas enfadado, querías gritar, pero no podías hacerlo; al contrario, sonreías. Y tienes que eliminar todo lo que se ha ido acumulando en tu interior. Espera... y verás que empieza a embargarte el silencio. Ese silencio tiene una belleza particular. Es completamente distinto; tiene otra cualidad, otra profundidad.

Técnicas

1. Meditación Gibberish: deshacerte de la basura mental

Es posible que no duermas bien por la noche. Hay muy pocas personas que duerman bien y si no descansas por la noche, estás cansado durante el día. Si este es tu caso, debes hacer algo para mejorar tu sueño. Deberías procurar que tu sueño sea más profundo. La cuestión no es el tiempo –aunque duermas ocho horas, si no es un sueño profundo, tendrás la necesidad y el deseo de dormir–, sino la profundidad del sueño.

Intenta practicar esta técnica por las noches antes de dormir, te ayudará sobremanera. Apaga las luces, siéntate en la cama dispuesto a dormir, pero quédate quince minutos sentado. Cierra los ojos y empieza a emitir un sonido incomprensible, por ejemplo, la, la, la.., y luego espera que la mente te sugiera otro sonido. Lo único que tienes que tener en cuenta es que el sonido no debe pertenecer a un idioma conocido. Si sabes inglés, alemán o italiano, no uses palabras de estos idiomas. Puedes hacerlo en cualquier idioma que no conozcas: tibetano, chino, japonés. Pero si sabes japonés, este idioma no puede ser, aunque puedas decirlo en italiano.

Habla en un idioma que no conozcas. El primer día te resultará difícil durante algunos segundos, ¿cómo puedes hablar un idioma que no conoces? Es posible, y cuando empieces a hacerlo, emite cualquier sonido, palabras incomprensibles, para que hable el inconsciente y la mente consciente se desconecte... El inconsciente no habla un idioma conocido.

Este método es muy antiguo. Proviene del Antiguo Testamento. En aquella época se llamaba *glossolalia* y hay iglesias que todavía lo practican. Se denomina «hablar en lenguas». Es un método maravilloso, uno de los más profundos y de los que más penetran en el inconsciente. Puedes empezar diciendo «la, la, la»..., y luego seguir con cualquier sonido que te salga. El primer día te resultará un poco difícil, pero, cuando lo consigas, habrás aprendido el truco. Luego durante quince minutos usa el lenguaje que surja como si estuvieses hablando en él. Esto relajará profundamente la mente consciente.

Hazlo durante quince minutos y después ponte a dormir. Tu sueño será mucho más profundo. Al cabo de unas semanas notarás que tu sueño es más profundo y por la mañana estarás completamente recuperado.

2. Empieza el día riéndote

No abras los ojos nada más despertarte. Cuando sientas que ya no tienes sueño, empieza a reírte en la cama.

Los primeros dos o tres días te costará un esfuerzo, pero después surgirá solo y será como una explosión. Al principio es difícil porque te hace sentir idiota, ¿de qué te estás riendo? No hay ningún motivo. Poco a poco, te sientes tan tonto que empiezas a reírte de tu tontería, y luego la risa se apodera de ti. Es irreprimible. Te ríes de lo absurdo de la situación. Más tarde puede que alguien se empiece a reír –tu mujer, tu novia o tu vecino–, y eso te ayudará. La risa es contagiosa.

3. Un mecanismo para centrarse

Estás completo, pero no en la periferia, en la periferia hay mucha confusión; estás fragmentado. Cuando vas hacia dentro, compruebas que al ir profundizando estás más completo. Llega un punto, en el altar más íntimo de tu ser, donde, súbitamente, descubres que eres una unidad, una unidad absoluta. Es cuestión de descubrirlo.

¿Cómo se puede hacer? Hay una técnica muy sencilla que al principio puede parecer difícil. Pero si lo intentas, verás que es muy fácil. Si no lo haces y solo piensas en ello, te parecerá muy difícil. La técnica consiste en hacer solamente lo que te guste. Si no te gusta hacer algo, no lo hagas. Pruébalo, porque la diversión es algo que surge de tu centro. Si haces algo y te diviertes, te reconectas con tu centro. Si haces algo y no te diviertes, te desconectas de tu centro. La felicidad surge del centro, de ningún otro sitio. Permite que sea este el criterio y hazlo con fanatismo.

Si vas caminando por la calle y te das cuenta de que no estás disfrutando del paseo, déjalo; significa que no tienes que hacerlo.

Yo solía hacer esto cuando estaba en la universidad y la gente creía que estaba loco. De repente, me detenía y me quedaba quieto en un lugar durante media hora o una hora, hasta que empezaba a andar otra vez. Si me estaba bañando y me daba cuenta de que no lo estaba disfrutando, dejaba de hacerlo, ¿qué sentido tenía continuar? Si estaba comiendo y me daba cuenta de que no lo estaba disfrutando, me paraba. Mis profesores se preocupaban tanto que cuando había exámenes me subían a un coche y me llevaban a la universidad. Me dejaban en la puerta del corredor y siempre encargaban a alguien de comprobar que había llegado a mi pupitre y no me había quedado parado en medio del aula. En el instituto me apunté a clases de matemáticas. El primer día entré en la clase y el profesor estaba haciendo una introducción a la materia. En mitad de la exposición me levanté y quería salir del aula, pero él me dijo: «¿Adónde vas? Si te vas sin pedir permiso, no podrás volver a entrar». Yo respondí: «No se preocupe, no voy a volver. Por eso no he pedido permiso. Se acabó, ¡esto no me divierte! Ya encontraré otra asignatura que me divierta, porque no puedo hacer algo si no me divierte. Estaría torturándome, es violento».

Poco a poco, esto se convirtió en la clave. Me di cuenta de que cuando te diviertes con algo estás centrado; y cuando no te diviertes, pierdes el centro. Si es así, no hay que forzarlo, no hace falta. Si creen que estás loco, déjales que lo crean. Al cabo de unos días, encontrarás lo que necesitabas por tu propia experiencia. Estabas haciendo miles de cosas sin disfrutar de ellas, simplemente porque te han enseñado a hacerlo. Estabas cumpliendo tus obligaciones.

La gente ha destruido algo tan bonito como el amor. Llegas a casa y besas a tu marido porque es lo que debes hacer, es lo establecido. Y así destruyes algo tan bello como un beso, como una flor. Al cabo de un tiempo sigues besando a tu marido sin disfrutar de ello, y te olvidas de lo bello que es besar a otro ser humano. Le das la mano a cualquier persona que te encuentres, es frío, no tiene ningún sentido y ningún mensaje, no es un saludo cálido. Son dos manos muertas que se estrechan para decir hola. Has aprendido a hacer este gesto, este gesto tan frío. Te has helado, te has convertido en un cubito de hielo. Y luego dices: «¿Cómo puedo llegar a mi centro?».

El centro está a tu alcance cuando eres cálido, fluyes y te fundes en el amor, en el baile, en la diversión. Haz simplemente lo que de verdad te gusta hacer y disfrutas haciendo. Si hay algo que no te gusta, no lo hagas. Busca otra cosa que te guste. Seguro que encontrarás algo que te gusta hacer. No he conocido a nadie que no le guste nada. Hay personas a las que no les gusta una cosa u otra, pero la vida es muy variada. No te comprometas, permítete fluir. Deja que haya una mayor cantidad de energía fluyendo. Déjala fluir y que descubra las energías que te rodean. Pronto te darás cuenta de que el problema no es aprender a estar completo, sino que te habías olvidado de fluir. Cuando la energía fluye, te sientes completo. A veces ocurre accidentalmente, pero el motivo siempre es el mismo.

Cuando te enamoras de una mujer o de un hombre, te sientes completo; por primera vez, te sientes uno. Tus ojos brillan de una forma especial, tu rostro irradia algo y tu mente no está apagada. Hay algo que empieza a brillar en tu ser, surge una canción, tu caminar se convierte en una danza. Eres un ser totalmente nuevo.

Pero estos momentos son escasos porque no aprendemos el secreto. El secreto es que has empezado a disfrutar con algo. Ese es el único secreto. Un pintor puede tener hambre y seguir pintando, pero su cara refleja satisfacción. Un poeta puede ser pobre, pero cuando canta su canción es el hombre más rico del mundo. Nadie es más rico que él. ¿Cuál es el secreto? El secreto es que está disfrutando de este momento. Siempre que disfrutas algo, estás sintonizado contigo mismo y sintonizado con el resto del universo, porque tu centro es el centro de todo.

Haz que esta idea sea la clave para ti. Haz solamente lo que te divierta; y si algo no te divierte, déjalo. Si estás leyendo el periódico y cuando vas por la mitad te das cuenta de que no te divierte, no tiene sentido seguir. ¿Por qué lo lees? Déjalo inmediatamente. Si estás hablando con alguien y en medio de la conversación te das cuenta de que no te divierte, aunque vayas por mitad de la frase, párate. Nadie te obliga a seguir si no lo estás disfrutando. Al principio puede parecer un poco raro, pero todo el mundo *es* raro, no creo que sea un problema. Ponlo en práctica.

Al cabo de unos días contactarás muchas veces con tu centro, y entonces comprenderás lo que quiero decir cuando repito una y otra vez que lo que estás buscando está en tu interior. No está en el futuro. No tiene nada que ver con el futuro. Ya está aquí, en este momento; ya existe.

4. Correr, hacer *footing* y nadar

Cuando te mueves es natural y es fácil estar alerta. Cuando te sientas en silencio, lo natural es que te duermas. Cuando estás tumbado en la cama, es muy difícil estar alerta porque la situación tiende a hacer que te duermas. Pero si estás moviéndote no puedes quedarte dormido, tienes que estar más alerta. El único problema es que el movimiento se vuelva mecánico.

Aprende a fundir tu cuerpo, tu mente y tu alma. Busca la manera de funcionar como una unidad. Esto es lo que les ocurre muchas veces a los corredores. Quizá pienses que correr no es una meditación, pero los corredores suelen tener enormes experiencias meditativas. Y se sorprenden, porque no lo estaban buscando, ¿quién pensaría que un corredor está buscando experimentar a Dios? Sin embargo, ocurre. Y ahora correr se está convirtiendo cada vez más en un nuevo tipo de meditación. Puede ocurrirte cuando corres.

Si alguna vez te ha gustado correr, habrás disfrutado del aire fresco y nuevo por la mañana temprano, cuando todo el mundo se empieza a despertar... Tú estás corriendo y tu cuerpo funciona a la perfección, el aire fresco, el nuevo mundo que vuelve a surgir de la oscuridad de la noche, todo canta a tu alrededor, te sientes vivo..., y llega un momento en el que el corredor desaparece y solo queda el correr. El cuerpo, la mente y el alma empiezan a funcionar al unísono; de pronto, sientes que se produce un orgasmo interno.

Algunas veces los corredores experimentan un estado en el que la mente desaparece y solo queda conciencia pura, aunque lo normal es que se les escape. Creen que estaban disfrutando del momento por estar corriendo; hacía un día maravilloso, el cuerpo estaba sano, el mundo era bello y lo consideran simplemente un estado de ánimo. Normalmente no se darán cuenta, pero es posible que sí lo hagan. He comprobado que los corredores pueden acercarse a la meditación con más facilidad que el resto de las personas.

El *footing* puede ser muy útil, la natación puede ser muy útil. Habría que convertir todas estas cosas en meditación.

Deja de lado el antiguo concepto de meditación, el concepto de estar sentado debajo de un árbol en postura de yoga. Este puede ser uno de los caminos y se adaptará a cierto tipo de personas, pero no a todas. Pero para un niño no es meditación, sino una tortura. Para un joven vivo y efervescente, en vez de meditación, será una represión.

———

Empieza a correr por la carretera por las mañanas. Al principio podrás correr un kilómetro, después dos kilómetros y llegará un punto en que podrás correr como mínimo ocho kilómetros. Al correr usa todo el cuerpo; no corras como si llevaras una camisa de fuerza. Corre como un niño pequeño, con todo el cuerpo..., usando las manos y los pies. Después siéntate debajo de un árbol y descansa, suda, siente el aire fresco, siente la paz. Esto te ayudará mucho.

———

A veces puedes descalzarte y sentir el frescor, la suavidad y la calidez de la tierra. Siente lo que la tierra quiera darte en ese momento y deja que fluya por tu cuerpo. Deja que tu energía fluya a la tierra. Conéctate con la tierra.

Si te conectas con la tierra, te conectas con la vida. Si te conectas con la tierra, te conectas con tu cuerpo. Si te conectas con la tierra, estarás más sensible y más centrado, y eso es lo que necesitas.

———

No te conviertas en un corredor especializado, sigue siendo un aficionado para mantener la alerta. Si sientes que el hecho de correr se ha automatizado, déjalo y ponte a nadar. Si eso se automatiza, prueba con el baile. Se trata de recordar que el movimiento solo es una situación que provoca un estado de alerta. Mientras esto ocurra, bien. Pero ya no tiene sentido si deja de hacerlo; busca otro movimiento que te obligue a estar alerta otra vez. No dejes que una actividad se automatice.

—

Las Meditaciones Activas OSHO

Nunca le digo a la gente que empiece por sentarse. Hay que empezar por lo fácil. De lo contrario, tenderás a sentir muchas cosas que no son necesarias, cosas que no existen.

Si empiezas por sentarte, habrá muchas interferencias en tu interior. Cuanto más intentes hacerlo, mayores serán las interferencias. Y solo serás capaz de observar la locura de tu mente, nada más. Esto hará que te sientas deprimido y descontento, no sentirás ninguna dicha. Todo lo contrario, empezarás a sentir que estás loco. ¡Hay veces que puedes volverte realmente loco!

Si haces un esfuerzo consiente para «sentarte», puedes volverte realmente loco. La gente no se vuelve loca con más frecuencia porque no lo intentan con sinceridad. Cuando estás sentado, puedes darte cuenta de toda la locura que hay en tu interior, y si eres sincero y sigues haciéndolo, puedes volverte loco. Ha ocurrido antes muchas veces. Por eso nunca recomiendo una cosa que pueda hacerte sentir descontento, deprimido o triste, algo que te haga ser consciente de la locura que hay en tu interior. Es posible que no estés preparado para ello.

Hay ciertas cosas que es mejor saber paulatinamente. Saber no siempre es bueno. Es mejor que el saber se vaya manifestando poco a poco, a medida que aumenta tu capacidad de asimilación. Yo empiezo por tu locura, no por sentarte en una postura. Permito que tu locura se exprese. Cuando bailas alocadamente, en tu interior ocurre lo contrario. Una danza enloquecida hace que descubras un espacio de quietud en tu interior. Cuando te sientas en silencio, empiezas a darte cuenta de la locura. El punto consciente siempre es lo contrario.

Al bailar enloquecidamente, caóticamente, gritando y con la respiración alterada, estoy dándole cauce a tu locura. De ese modo puedes percibir ese lugar sutil, un punto en tu interior que está quieto y en silencio, en contraste con la locura que hay en la periferia. Sentirás mucha dicha; en tu centro puedes encontrar el silencio interno. Pero si te sientas, solo encontrarás la locura en tu interior. En el exterior estás tranquilo, pero por dentro estás loco.

Es mejor empezar por hacer algo que sea activo, positivo, vivo, en movimiento. Luego empezarás a sentir que surge un silencio interno. A medida que este vaya aumentando, podrás hacerlo sentado o tumbado, y será posible meditar en silencio. Cuando llegue ese momento, las cosas serán distintas, muy distintas.

Una técnica de meditación que empieza con movimiento y con acción te ayuda también en otros aspectos. Se convierte en una catarsis. Cuando solo estás sentado, te desesperas: tu mente quiere moverse, pero estás sentado. Todos los músculos se contraen, todos los nervios se contraen. Estás tratando de imponerte algo que no es natural. Y, en realidad, la parte que estás queriendo forzar y reprimir es tu parte más auténtica; es la parte más extensa de tu mente la que estás intentando reprimir, y esta terminará por vencer.

Lo que estás reprimiendo es algo que debes expulsar y no reprimir. Se ha ido acumulando en tu interior por haberlo reprimido constantemente. Toda la educación, la civilización, la formación es represiva. Has reprimido demasiadas cosas que podrías expulsar muy fácilmente si la educación fuera distinta, más consciente, si los padres estuviesen más despiertos. Si la cultura tuviese un mayor conocimiento del mecanismo interno de la mente, te podría haber ayudado a eliminar muchas cosas.

Por ejemplo, cuando un niño se enfada, le decimos: «No te enfades». Y empieza a reprimir su enfado. Poco a poco, una cosa transitoria se convierte en permanente. Ahora no expresará su enfado, aunque esté enfadado. En nuestro interior hemos ido guardándonos la rabia de muchas cosas transitorias. Nadie puede estar enfadado constantemente a menos que haya reprimido su enfado. El enfado es momentáneo, viene y va; si lo expresas, desaparece. En lo que a mí respecta, dejaría que el niño se enfadase verdaderamente. Puedes enfadarte, pero debes hacerlo con totalidad, sin represiones.

Por supuesto, habrá complicaciones. Si te decimos «enfádate», te enfadarás con alguien. Pero un niño es más fácil de moldear. Puedes darle una almohada y decirle: «Enfádate con la almohada. Expresa tu violencia con la almohada». Puedes educarlo de manera que desvíe su enfado. Puedes darle un objeto para que lo lance hasta que se le pase el enfado. Al cabo de unos minutos o unos segundos, su rabia se habrá disipado y no se irá acumulando.

Has acumulado rabia, sexo, violencia, ambición..., muchas cosas. Y esta acumulación es la locura que llevas dentro. Está ahí, en tu interior. Si empiezas por hacer una meditación represora –por ejemplo, sentarte–, estarás reprimiendo todo esto y no permitirás que salga. Por eso yo empiezo por una catarsis. Antes hay que permitir que todo salga a la luz. Cuando sacas a la luz tu enfado, te has vuelto maduro.

Meditación Dinámica OSHO

Esta meditación es una forma directa, rápida e intensa de romper los antiguos patrones arraigados en el cuerpo-mente que nos mantienen atrapados en el pasado, para poder experimentar la libertad, el atestiguar, el silencio y la paz que se esconden tras los muros de esa prisión.

Esta meditación debe hacerse temprano por la mañana, cuando toda «la naturaleza despierta, desaparece la noche, sale el sol y todo está consciente y alerta».

Puedes hacerla solo, pero al principio es mejor hacerla con más gente. Es una experiencia individual, de modo que debes olvidarte de todos los que están a tu alrededor. Usa una ropa suelta y cómoda.

Esta meditación debe hacerse con la música específicamente creada para la Meditación Dinámica OSHO, ya que nos indica las diferentes etapas y nos apoya energéticamente. Para saber más detalles, ir al Apéndice.

Para sentir sus efectos necesitarás un cierto tiempo, al menos tres semanas, y en tres meses estarás en otro mundo. Pero tampoco es muy preciso. Varía de un individuo al otro. Si lo haces con mucha intensidad, puedes experimentar esa sensación incluso en tres días.

INSTRUCCIONES

La meditación dura una hora y tiene cinco etapas. Debes mantener los ojos cerrados a lo largo de toda la meditación o usar una venda si fuese necesario.

En esta meditación, hagas lo que hagas, tienes que estar constantemente alerta, consciente, despierto. Debes ser un testigo. Y después –en la cuarta etapa–, cuando te quedes completamente quieto, paralizado, esta alerta llegará a su apogeo.

PRIMERA ETAPA: 10 MINUTOS

Respira de forma caótica por la nariz; deja que la respiración sea intensa, profunda, rápida, sin ritmo ni estructura, y concéntrate siempre en la exhalación. El cuerpo se ocupará de inspirar. La respiración debería pasar rápidamente a los pulmones. Hazlo tan rápido y tan intensamente como puedas, hasta que te conviertas literalmente en la respiración. Usa los movimientos naturales de tu cuerpo para ayudarte a acumular la energía. Siente cómo se acumula, pero no la liberes durante la primera etapa.

SEGUNDA ETAPA: 10 MINUTOS

¡EXPLOTA! Deja que salga todo lo que quieras eliminar. Obedece a tu cuerpo. Dale libertad para expresar lo que tenga que expresar. Vuélvete loco. Grita, chilla, llora, salta, patalea, sacúdete, baila, canta, ríe; tírate por el suelo. No te reprimas nada; deja que todo tu cuerpo se mueva. Actuar un poco puede ayudarte a empezar en algunas ocasiones. No permitas que interfiera la mente en lo que estás haciendo. Vuélvete loco conscientemente. Sé total.

TERCERA ETAPA: 10 MINUTOS

Con los brazos levantados por encima de la cabeza, salta y grita el mantra «*¡Ju! ¡Ju! ¡Ju!*» con todas tus fuerzas. Cada vez que caigas al suelo con las plantas de los pies, deja que este sonido martillee en tu centro sexual. Entrégate, agótate totalmente.

CUARTA ETAPA: 15 MINUTOS

¡STOP! Quédate paralizado donde estés y en la postura que estés. No trates de colocar el cuerpo. Cualquier cosa, una tos o un movimiento, disipará toda la energía y habrás hecho el esfuerzo en balde. Sé testigo de todo lo que te ocurre.

QUINTA ETAPA: 15 MINUTOS

¡Celebra! Expresa todo lo que sientas por medio de la música y el baile. Deja que esa vitalidad te acompañe a lo largo del día.

Nota: si el espacio de meditación no te permite hacer ruido, puedes hacer esta versión alternativa en silencio: en vez de emitir sonidos, deja que la catarsis del segundo movimiento se realice por medio de movimientos corporales. En la tercera etapa, puedes sentir el martilleo interno del sonido «¡Ju!», y la quinta etapa puede convertirse en un baile expresivo.

Alguien ha dicho que la meditación que hacemos aquí parece una locura absoluta. ¡Sí lo es! Y esto tiene un propósito. Es una locura metódica, es una elección consciente.

Recuerda que no puedes enloquecer voluntariamente. La locura toma posesión de ti. Solo así se puede enloquecer. Si lo haces de forma voluntaria será completamente distinto porque, en principio, estás manteniendo el control, y una persona que controla incluso su locura no puede volverse loco.

Meditacion Kundalini OSHO

Esta meditación es la «hermana» de la Meditación Dinámica OSHO, y está pensada para hacerla al atardecer o a última hora de la tarde. Emplearte profundamente en las sacudidas y el baile de las dos primeras etapas te ayudará a «derretir» tu ser petrificado en el punto donde hayas reprimido y bloqueado el flujo de energía. Entonces esa energía podrá fluir, bailar y transformarse en dicha y felicidad. Las dos últimas etapas permiten que toda esta energía fluya hacia arriba en sentido vertical hacia el silencio. Es una manera muy efectiva de relajarte y descargarte al finalizar el día.

Esta meditación debe hacerse con la música específica de la Meditación Kundalini OSHO, que señala las diferentes etapas y las estimula energéticamente. Para más detalles consultar el Apéndice.

INSTRUCCIONES

La meditación dura una hora y tiene cuatro etapas.

PRIMERA ETAPA: 15 MINUTOS

Con el cuerpo relajado, permite que se sacuda y siente cómo sube la energía desde los pies. Deja que se relaje todo el cuerpo y conviértete en el temblor. Puedes tener los ojos abiertos o cerrados.

SEGUNDA ETAPA: 15 MINUTOS

Baila de la forma que te apetezca y deja que el cuerpo se mueva como quiera. Puedes tener los ojos abiertos o cerrados.

TERCERA ETAPA: 15 MINUTOS

Cierra los ojos y quédate quieto, de pie o sentado, observando todo lo que ocurre en tu interior y en el exterior.

CUARTA ETAPA: 15 MINUTOS

Con los ojos cerrados, túmbate y quédate quieto.

Nota: en la cuarta etapa puedes permanecer sentado si lo prefieres.

Cuando practiques la Meditación Kundalini, permite que todo tu cuerpo tiemble, ¡no lo *hagas* tú! Siente cómo empieza al estar de pie, y cuando el cuerpo se ponga a temblar ligeramente, puedes ayudarlo, pero no lo *hagas* tú. Disfrútalo, siente la dicha, permítelo, recíbelo, acógelo, pero no lo conviertas en una meta.

Si lo fuerzas, se convertirá en un ejercicio, en un ejercicio físico del cuerpo. Entonces, aunque haya un temblor, solo será superficial y no penetrará en tu interior. En tu interior estarás duro como una piedra, petrificado. Seguirás siendo el que manipula, el hacedor, y el cuerpo simplemente te obedecerá. La cuestión no es el cuerpo, sino *tú.*

Cuando digo que tiembles, me refiero a que tu ser sólido y pétreo debería temblar desde sus cimientos para diluirse, derretirse y fluir. No hay nadie que tiemble, simplemente hay un temblor; no hay nadie que lo haga, simplemente ocurre. El hacedor no existe.

Meditación Nadabrahma OSHO

Nadabrahma es una meditación que trabaja con el sonido; por medio del sonido y el movimiento de las manos, se armonizan las partes de tu persona que están en conflicto y puedes llevar esa armonía a todo tu ser. Después, cuando el cuerpo y la mente estén completamente unidos, puedes «dejar de estar bajo su control» y convertirte en un testigo de ambos. Esta observación desde el exterior es lo que te conduce a la paz, el silencio y la dicha.

La meditación debe hacerse con la música específica de la Meditación Nadabrahma OSHO, que señala las diferentes etapas y las estimula energéticamente. Para más detalles, consultar el Apéndice.

INSTRUCCIONES

Esta meditación dura una hora y tiene tres etapas. Los ojos deben permanecer cerrados a lo largo de toda la meditación.

PRIMERA ETAPA: 30 MINUTOS

Siéntate de manera que estés cómodo, con los ojos y la boca cerrada. Empieza a emitir por la nariz un sonido como un zumbido –lo suficientemente fuerte para que alguien que esté sentado a tu lado pueda oírlo– y provoca una vibración en todo tu cuerpo. Puedes visualizar un tubo hueco o un recipiente vacío, simplemente lleno con la vibración del murmullo. Llegará un punto en el que el zumbido siga solo y te conviertas en el que escucha. No hay que respirar de una forma determinada y puedes variar el tono o mover el cuerpo ligera y lentamente si surge de forma natural.

SEGUNDA ETAPA: 15 MINUTOS

La segunda etapa se divide en dos partes de siete minutos y medio cada una. Durante la primera parte, mueve las manos con las palmas hacia arriba, con un movimiento circular hacia fuera. Partiendo del ombligo, las dos manos se mueven hacia delante y luego marcan dos grandes circunferencias simétricas hacia la izquierda y la derecha. El movimiento debería ser muy lento, de forma que por momentos parezca que no se están moviendo. Siente que estás entregando tu energía al universo.

Cuando la música cambia al cabo de siete minutos y medio, gira las palmas de las manos hacia abajo y empieza a moverlas en sentido contrario. Ahora las manos se acercarán juntándose en el ombligo y se extenderán hacia los lados del cuerpo. Siente que estás recogiendo la energía. Igual que en la primera etapa, no inhibas los movimientos suaves y lentos del resto del cuerpo.

TERCERA ETAPA: 15 MINUTOS

Detén el movimiento de las manos y permanece sentado relajadamente.

Meditación Nadabrahma OSHO para parejas

Hay una variación de esta técnica para parejas. Cuando los dos están zumbando, se establece entre ellos una armonía y una sensibilidad y, poco a poco, ambos se vuelven intuitivos y se mueven en la misma frecuencia.

INSTRUCCIONES

La pareja se sienta uno frente al otro tapándose con una sábana, cruzando los brazos y tomando a su pareja de la mano. Es preferible no llevar ropa. Alumbra la habitación simplemente con cuatro velas y quema un incienso especial que usarás solamente cuando hagas esta meditación.

Cerrad los ojos emitiendo un zumbido durante treinta minutos. Al cabo de un rato sentiréis que las energías se encuentran, se funden y se unen.

Si lo haces correctamente, tu cerebro empezará a vibrar tremendamente y tu cuerpo también. Cuando el cuerpo se pone a vibrar y la mente está recitando, ambos se sintonizan, es una armonía que normalmente no existe entre los dos.

Recuerda esto cuando practiques la meditación Nadabrahma: deja que el cuerpo y la mente estén completamente unidos, pero recuerda que debes convertirte en un testigo. Salte de ellos suavemente, lentamente, por la puerta de atrás, sin luchar ni esforzarte.

Meditación Nataraj OSHO

Nataraj es la energía del baile. Es convertir el baile en una meditación absoluta, en la que desaparece la división interna manteniendo un ligero y relajado estar alerta.

Esta meditación debe hacerse con la música específica de la Meditación Nataraj OSHO, que señala las diferentes etapas y las estimula energéticamente. Para más detalles, consultar el Apéndice.

INSTRUCCIONES

Esta meditación dura 65 minutos y consta de tres etapas.

PRIMERA ETAPA: 40 MINUTOS

Baila con los ojos cerrados como si estuvieras poseído por la danza. Permite que tu inconsciente se exprese completamente. No trates de controlar los movimientos ni de ser testigo de lo que ocurre. Simplemente piérdete por completo en el baile.

SEGUNDA ETAPA: 20 MINUTOS

Túmbate inmediatamente con los ojos cerrados. Quédate quieto y en silencio.

TERCERA ETAPA: 5 MINUTOS

Baila para celebrar y disfrutar.

Cuando bailes, conviértete en el *baile*, no en el bailarín, y llegará un punto en el que serás el movimiento y no habrá ninguna división. Esta conciencia sin divisiones es la meditación.

Epílogo

Empieza a tomar conciencia de los pequeños gestos y actos cotidianos, y mientras los efectúes, sigue relajado. No hay necesidad de estar en tensión. ¿Hay alguna necesidad de estar tenso cuando limpias el suelo? ¿Hay alguna necesidad de estar tenso cuando cocinas? En la vida no hay ni un solo hecho que requiera tensión. Esto solo ocurre por tu inconsciencia y tu impaciencia.

He vivido de muchas maneras y con todo tipo de personas. Y siempre me ha sorprendido: ¿por qué están en tensión?

Al parecer, la tensión no tiene nada que ver con algo externo, sino con algo interno. Siempre puedes encontrar excusas en el exterior, porque es ridículo estar en tensión sin motivo aparente. Y para justificarlo, buscar motivos fuera que expliquen tu tensión.

Pero la tensión no está fuera, sino que se debe a un estilo de vida incorrecto. Vives compitiendo, y eso provoca tensión. Vives comparándote constantemente, y eso provoca tensión. Siempre estás pensando en el pasado o en el futuro, y te pierdes el presente que es la única realidad, y eso provoca tensión.

Solo es cuestión de darse cuenta. No tienes por qué competir con nadie. Tú eres tú, y eres perfecto tal como eres.

Acéptate.

La existencia ha querido que seas así. Hay árboles altos y árboles pequeños. Pero los pequeños no están tensos, y los altos no están orgullosos. En la existencia tiene que haber variedad. Hay personas más fuertes o más inteligentes que tú, pero en otros aspectos tú tienes más talento.

Descubre tu propio talento. La naturaleza no deja a ningún individuo sin un regalo singular. Busca un poco. Quizá tengas más habilidad para tocar la flauta que el presidente para ser presidente del país; eres mejor como flautista que él como presidente.

No se trata de comparar. La comparación despista a la gente. La competencia les hace estar en tensión permanente porque su vida está vacía, porque nunca viven el presente. Solo piensan en el pasado que ya no existe, o proyectan hacia el futuro que todavía no ha sido.

Todo esto hace que la gente se vuelva prácticamente loca. Pero no es necesario, los animales no se vuelven locos, no necesitan hacer psicoanálisis. Toda la existencia vive en celebración constante, excepto el ser humano. El ser humano está separado, tenso, preocupado.

La vida es breve y de este modo la pierdes y la muerte está cada día más cerca. Esto te provoca más angustia todavía: «La muerte se va a aproximando y todavía no he empezado a vivir». La mayoría de la gente solo se da cuenta de que estaban vivos al morir, y entonces ya es demasiado tarde.

Vive el presente.

Usa todos tus talentos y cualidades al máximo.

Había un místico hindú, Kabir, que era tejedor. Aunque tenía miles de seguidores, él seguía tejiendo. Incluso los reyes eran sus discípulos. El rey de Varanasi le dijo: «Maestro, no está bien que sigas haciendo ese trabajo porque nos avergüenza. Podemos hacernos cargo de ti. No hace falta que sigas tejiendo ropa ni que vayas a venderla al mercado todas las semanas. ¡Piensa en nosotros! La gente cree que nos ocupamos de ti».

Kabir dijo: «Entiendo lo que dices, pero mi único talento es hacer buena ropa. Si dejara de hacerlo, ¿quién me sustituiría? Dios se manifiesta con muchos rostros y cuerpos que vienen al mercado todas las semanas para comprar ropa».

A cada cliente le decía: «Señor, cuide muy bien la ropa. Yo no tejo como el resto de los tejedores, he tejido la ropa con mi canción y mi alma. Me he volcado en ella con todo mi ser. Tenga cuidado y cuando la use, hágalo con cariño y amor, recordando: Kabir la ha tejido especialmente para usted, Señor». Y no se lo decía solo a algunas personas, sino a todos sus clientes. Esa fue su contribución. Solía decirle a sus discípulos: «¿Qué más puedo hacer? Trato de hacerlo lo mejor que puedo: sé tejer, sé cantar, sé bailar y estoy inmensamente satisfecho».

Hagas lo que hagas, si estás satisfecho y contento y sientes que toda la existencia es una manifestación de la divinidad, que viajamos por la sagrada Tierra y cualquier persona que te encuentres es un encuentro con Dios…, si sientes que es la única posibilidad –aunque cambien los rostros, la realidad interna es la misma–, desaparecerán todas las tensiones. Y esa energía que se emplea en la tensión se convertirá en tu gracia y tu belleza.

Entonces la vida dejará e ser una existencia ordinaria, cotidiana y diaria, para convertirse en un baile desde la cuna hasta la tumba. Tu gracia, tu relajación y tu silencio enriquecerán a la existencia. No te irás del mundo sin haber contribuido a él con algo de valor.

Hagas lo que hagas, hazlo con tanto amor y cuidado, que conviertas una insignificancia en una obra de arte. Y esto te dará muchísima felicidad. Y creará un mundo en el que no hay competencia ni comparaciones; todo el mundo se sentirá digno y podrá restaurar su orgullo herido.

Todo acto que hecho con totalidad se convierte en tu oración.

Apéndice

Fuentes de internet
y lecturas recomendadas

Tus enlaces de internet más importantes

Puedes conseguir la música de las meditaciones y otro material que se menciona en este libro a través de un número de editoriales y distribuidores en todo el mundo. Muchos de ellos se pueden encontrar en la lista que hay en www.osho.com/shop. También puedes buscar en www.osho.com/todosho y en imeditate.osho.com.

Meditaciones Activas OSHO

Gran parte de la música que acompaña a las Meditaciones Activas OSHO ha sido compuesta bajo la dirección de Osho y con instrucciones concretas de que no se debe modificar una vez completada. La música de cada meditación específica ha sido compuesta para esa meditación en particular.

Las instrucciones en audio o en vídeo para las Meditaciones Activas OSHO y otras Meditaciones OSHO se pueden encontrar en osho.com/meditation y en imeditate.osho.com. Para participar en vivo desde tu casa, inscríbete en iMeditate.osho.com.

OSHO Talks: el silencio expresado con palabras

Casi todas las series de charlas de Osho han sido publicadas íntegramente en forma de libros. Puedes encontrar grabaciones de audio de cada charla individual y conjuntamente hay una selección de charlas OSHO Talks en formato de vídeo.

Lecturas de OSHO recomendadas

Los libros de Osho se han publicado en al menos cincuenta idiomas. Estos son algunos de los títulos en español que recomendamos concretamente para profundizar en el tema de la meditación:

Meditación: primera y última libertad

Una guía práctica para las meditaciones OSHO

Contiene instrucciones prácticas paso a paso de una amplia variedad de técnicas de meditación seleccionadas y/o creadas por Osho, que incluyen las singulares Meditaciones Activas OSHO que se ocupan de las tensiones especiales de la vida contemporánea (Grijalbo, 2005, 2015).

El libro de los secretos

112 meditaciones para descubrir el misterio que hay en tu interior

Osho describe cada método desde todos los ángulos posible y sugiere que juegues con un método durante tres días si sientes afinidad con él. Si te parece que encaja y te produce algún efecto, continúa haciéndolo durante tres meses (Gaia Ediciones, 2003).

Tónico para el alma

Un conjunto de meditaciones, ejercicios de relajación y conciencia, y otras prácticas para el bienestar físico y emocional.

Una selección de métodos de conciencia y meditación extraídos de las charlas individuales de Osho con personas de todo el mundo. Incluye meditaciones, ejercicios de risa y respiración, vocalizaciones, visualizaciones, cánticos y otras cosas (Martínez Roca, Booket, 2013).

Aprender a silenciar la mente
Bienestar a través de la meditación

La mente, dice Osho, tiene el potencial de ser tremendamente creativa al enfrentarse a los desafíos de la vida cotidiana. ¡Si al menos hubiera alguna forma de desconectarla y permitirle descansar! La meditación es encontrar el interruptor que acalla la mente por medio de la comprensión, la observación y un sano sentido del humor (Ediciones B, Vergara, 2013).

Equilibrio cuerpo-mente
Relajarse para aliviar las molestias relacionadas con el estrés
y el dolor

Este libro puede ser de gran ayuda para aprender a hablar con tu cuerpo, escucharlo, reconectar con él y comprender profundamente la unidad del cuerpo, la mente y el ser. El punto de partida más sencillo es tomar conciencia del cuerpo, dice Osho. Acompaña al libro una terapia de meditación OSHO guiada, y un proceso de relajación: «OSHO, recordar el olvidado lenguaje de hablar con el cuerpo-mente» es el CD que se incluye en el libro (Debolsillo, 2014).

De la medicación a la meditación
Cómo facilitar la salud física y psicológica con la meditación

Osho solicitó que se hiciera esta compilación para lograr que el ser humano esté sano y completo. El libro incluye muchos de los métodos de meditación de Osho (Gaia Ediciones, 2014).

Mindfulness in the Modern World
How Can I Make Meditation Part of My Everyday Life?

En *Mindfulness in the Modern World*, Osho nos ayuda a explorar los obstáculos internos y externos que nos impiden tener más conciencia en nuestras actividades diarias. Hace hincapié en el hecho de que si bien las técnicas pueden ser útiles para señalar el camino, en sí mismas, no son una meditación. La meditación –o conciencia– es en última instancia, un estado en el que somos capaces de ambas cosas, la acción y la quietud, el trabajo y el juego, y la capacidad de estar plenamente presentes en cada momento de la vida tal y como se manifiesta (en preparación)

La música de las Meditaciones Activas OSHO
El sello NEW EARTH ofrece en CD, y en formato Mp3, todas las músicas de las Meditaciones Activas OSHO con sus respectivas instrucciones. De venta en librerías especializadas, en tiendas on-line, iTunes, Amazon, etc., y en la página web del sello: http://www.newearthrecords.com

Sobre el autor

Las enseñanzas de Osho desafían toda clasificación y lo abarcan todo, desde la búsqueda individual de sentido hasta los más urgentes temas sociales y políticos de la sociedad actual. Sus libros no han sido escritos sino transcritos de grabaciones sonoras y vídeos de charlas improvisadas ofrecidas en respuesta a preguntas de discípulos y visitantes, a lo largo de un período de 35 años. El *Sunday Times* de Londres ha descrito a Osho como uno de los «mil artífices del siglo xx», y el autor norteamericano Tom Robbins le ha calificado como «el hombre más peligroso desde Jesucristo». Acerca de su propia obra, Osho ha dicho que está ayudando a crear las condiciones para el nacimiento de un nuevo tipo de ser humano. Suele tipificar a este nuevo ser humano como «Zorba el Buda», capaz de disfrutar tanto de los placeres terrenales como un Zorba el griego, como de la silenciosa serenidad de un Gautama el Buda. Discurriendo como un hilo conductor, a lo largo de la obra de Osho hay una visión que abarca la sabiduría eterna de Oriente y el potencial más elevado de la ciencia y tecnología occidentales.

Osho también es famoso por su revolucionaria contribución a la ciencia de la transformación interior, con un enfoque de la meditación que tiene en cuenta el ritmo acelerado de la vida contemporánea. Sus incomparables «Meditaciones Activas» están diseñadas para, en primer lugar, liberar las tensiones acumuladas en cuerpo y mente, de manera que resulte más fácil experimentar el estado relajado y libre de pensamientos de la meditación.

Sobre el autor existe una obra autobiográfica disponible: *Autobiografía de un místico espiritualmente incorrecto* (Kairós, 2001).

OSHO International Meditation Resort

Ubicación: ubicado a 150 kilómetros al sureste de Mumbai en la moderna y floreciente ciudad de Pune, India, el Resort de Meditación Osho Internacional es un destino vacacional diferente. El Resort de Meditación se extiende sobre 16 hectáreas de jardines espectaculares en una magnífica área residencial rodeada de árboles.

Originalidad: cada año, el Resort de Meditación da la bienvenida a miles de personas provenientes de más de 100 países. Este campus único ofrece la oportunidad de vivir una experiencia personal directa de una nueva forma de vida: con mayor sensibilización, relajación, celebración y creatividad. Ofrece una gran variedad de opciones y programas durante todo el día y durante todo el año. ¡No hacer nada y simplemente relajarse en una de ellas!

Todos los programas están basados en la visión de Osho de «Zorba el Buda», una clase de ser humano cualitativamente diferente que es capaz tanto de participar de manera creativa en la vida diaria como de relajarse en el silencio y la meditación.

Meditaciones: un programa diario completo de meditaciones para cada tipo de persona que incluye métodos activos y pasivos, tradicionales y revolucionarios, y en particular, las Meditaciones Activas OSHO. Las meditaciones se llevan a cabo en lo que debe ser la sala de meditación más grande del mundo: el Osho Auditorium.

Multiversity: las sesiones individuales, cursos y talleres lo abarcan todo: desde las artes creativas hasta la salud holística, transformación personal, relaciones y transición de la vida, el trabajo como meditación, ciencias esotéricas, y el enfoque «Zen» de los deportes y el esparcimiento. El secreto del éxito de la Multiversity reside en el hecho de que todos sus programas se combinan con la meditación, que confirma el enfoque de que como seres humanos somos mucho más que la suma de nuestras partes.

Spa Basho: este lujoso Spa ofrece una piscina al aire libre rodeada de árboles y jardines tropicales. El espacioso jacuzzi de estilo único, los saunas, el gimnasio, las pistas de tenis… todo se realza gracias a la increíble belleza del entorno.

Cocina: una selección de áreas para comer sirven deliciosa comida vegetariana occidental, asiática e hindú, la mayoría cultivada de forma orgánica especialmente para el Resort de Meditación. Los panes y pasteles también se hornean en la panadería propia del centro.

Vida nocturna: por la noche una amplia variedad de eventos donde escoger entre los cuales bailar ¡es el número uno de la lista! Otras actividades incluyen meditaciones con luna llena bajo las estrellas, espectáculos de variedades, interpretaciones musicales y meditaciones para la vida diaria. O simplemente disfrutar conociendo gente en el Café Plaza, o caminar bajo la serenidad de la noche por los jardines de este escenario de cuento de hadas.

Instalaciones: Puedes adquirir todas tus necesidades básicas y artículos de aseo en la Galería. La Galería Multimedia vende una amplia gama de productos multimedia OSHO. El campus dispone de banco, agencia de viajes y Cibercafé. Para aquellos que disfrutan las compras, Pune ofrece todas las opciones, que van desde los productos hindús étnicos y tradicionales hasta todas las tiendas de marca mundiales.

Alojamiento: puedes elegir hospedarte en las elegantes habitaciones de la OSHO Guest House, o para permanencias más largas, puedes optar por uno de los paquetes del programa Living-in. Además, existe una abundante variedad de hoteles y apartamentos en los alrededores.

www.osho.com/meditationresort
www.osho.com/guesthouse
www.osho.com/livingin

Más información

www.OSHO.com

Un amplio sitio web en varias lenguas, que ofrece una revista, libros, audios y vídeos Osho y la Biblioteca Osho con el archivo completo de los textos originales de Osho en inglés y hindi, y una amplia información sobre las meditaciones Osho. También encontrarás el programa actualizado de la Multiversity Osho e información sobre el Resort de Meditación Osho Internacional.

Para contactar con **Osho International Foundation**, dirígete a: www.osho.com/oshointernational. Visita además:
   http://OSHO.com/resort
   http://OSHO.com/magazine
   http://OSHO.com/shop
   http://www.youtube.com/OSHO
   http://www.oshobytes.blogspot.com
   http://www.Twitter.com/OSHOtimes
   http://www.facebook.com/OSHOespanol
   http://www.flickr.com/photos/oshointernational

Otras obras de Osho publicadas en editorial Kairós:

El ABC de la iluminación
Libro de la vida y la muerte
Autobiografía de un místico espiritualmente incorrecto
Música ancestral en los pinos
La sabiduría de las arenas
Dang, dang, doko, dang
Ni agua, ni luna
El sendero del yoga
El sendero del zen
El sendero del tao
Dijo el Buda...
Guerra y paz interiores
La experiencia tántrica
La transformación tántrica
Nirvana la última pesadilla
El libro del yoga I y II
El verdadero nombre

editorial **K**airós

Puede recibir información sobre nuestros
libros y colecciones o hacer comentarios
acerca de nuestras temáticas en

www.editorialkairos.com

Numancia, 117-121 • 08029 Barcelona • España
tel +34 934 949 490 • info@editorialkairos.com